三上智恵

風《かじ》かたか

「標的の島」撮影記

大月書店

届かない手紙——序にかえて

おじい、みかみちえです
久しく顔を見ていません
どうにもこうにも　寂しいですね　会いたいですね

いつも辺野古《へのこ》に行くたび、帰りにお家に寄ってみよう
そう思うけれど　バタバタと撮影して汗だくになって
もうちょっと綺麗に見えるときに会おうとか
つまらない見栄で　次に回してしまったり

「テレビであんたの顔が見られなくなって、寂しい」
と言ってくれたおじい

放送局を辞めたあと　すぐに何度も電話をくれて
あのときも　長い長い話になりましたっけね
何があったのか　ずっとずっと心配していたんだと
おじいにできることはないかと

おじいとの電話は　いつも後半は　お母さんの話になる
「この世の中でいちばん偉いのはお母さんだ。男はかなわない。
三上さん、あんたは彩貴くんを立派に育てた。えらい、えらい
彩貴くんに、うちに遊びに来るように言いなさい」

そして電話口で「お母さんの歌」というのを歌ってくれた
スマホがビリビリするような大きな声で
おかーさーん！と　おなかの底から　応援歌のように

1997年12月　名護市の市民投票で
辺野古の基地建設に反対する票が上まわったとわかったとき
あなたは土の上に手をついて　天をあおいで慟哭《どうこく》した

続いて　一緒にがんばった人たちに
ありがとう、ありがとう、と土下座してお礼を言ってまわった
「命を守る会」の庭を埋めつくした歓喜
これで辺野古はもう苦しまないでいいのだ
あの日のあなたのことを　私はいつも思い出します
あの日、私たちが流した嬉し涙はいったい　なんだったんでしょう

辺野古が候補地になり、経済の恩恵というアメで揺さぶられても
名護市民は「ノー」と言った　それが原点
名護市民が民主主義でつかみとった地平を
踏み荒らし、握り潰したのは誰だ
あの日以来　私たちの民主主義は取り上げられたままですね

海上に四つもやぐらが立ち　人々はそれにしがみついて建設を止めようと
毎日カヌーで出ていった日々
おじいも毎朝浜に出て　大きな声で
「いってらっしゃーい！」と手を振りつづけた

朝焼けのなか　カヌーはオールを振って応じた

「行きたいですよ。行けないですよ、海には。80になったら。
今朝も彼らのことを考えて眠れなかった。夏のウェットスーツではもう寒いでしょう」

海軍時代に空爆を受けた後遺症で　自由の利く身体ではなかったけど
96年からおじいは　基地に反対するためなら　どこへでも行きましたね
「命《ぬち》どぅ宝《たから》」の鉢巻《はちま》きを締めて

沖縄国際大学にヘリが墜落したことに抗議する集会があって
辺野古から宜野湾《ぎのわん》に向かうバスの中
おじいはとても苦しそうな顔をしていましたね
「僕はね、宜野湾に行く資格がないんじゃないか。
申し訳ない気持ちでいっぱいなんだ。
僕たちが反対しなかったら、宜野湾の人たちは苦しまないで済んだんじゃないのか」
私はあのとき、半泣きでインタビューしながら思ったんですよ宜野湾か辺野古かの二者択一じゃないのに！
おじい、苦しまないで！と
この構図がそもそもまやかしだということを
誰でもわかるように　私が世の中に提示してやる！と

あれからずっと、私は辺野古と　それが象徴する沖縄の苦しみを
自分の真ん中に据えて　突っ走ってきました

海上案が沿岸案になり、滑走路が2本になり
やっぱり目的は軍港だったこともアセス最終段階でばれて
弾薬庫と滑走路と軍港が三位一体で運用できる
統合型出撃基地が辺野古新基地の全容であることもわかって
新基地建設に反対する名護市長が連続当選しても
「オール沖縄」で辺野古反対の知事を誕生させても
基地容認の国会議員を全員落選させてもなお
「辺野古が唯一」とストーカーのように迫ってくる政府の圧力はやまなかった

おじいは毎回選挙のたびに　車いすの上で最大限の選挙活動をし
祈るように選挙結果を見守っていた
何度裏切られても　民主主義を信じていた
翁長《おなが》知事誕生の日も　おじいはテレビに向かって手を合わせていた
「もしも翁長さんが落選したら、おじいはもう焼身自殺をしてもいい。
生きている意味がない」と言いきった
そしてまた歓喜の瞬間が訪れた

「大きなお祝いをしよう、もう一歩で白紙撤回だ！　牛を一頭潰してね、
おじいが全部みんなに御馳走するんだ。三上さん、今度こそ大きなお祝いだ！」
ばんじゃーい！　と言って両手を大きく挙げた　おじい

私の映画の中では　その場面の先に　もうおじいはいません
おじいが念願の牛汁パーティーをする場面は　まだ撮ってないのに
雲の上に行ってしまった
2016年11月3日　嘉陽《かよう》のおじいは　天国に召されました

私は、後悔だらけですよ
94歳まで　その瞬間を見届けようとがんばってくれたのに
辺野古白紙撤回の日を見せてあげることができなかった
みんなきっと同じで　悔しくて悲しくて
そしておじいの大きな愛に出会えたことに感謝して

ところでこの手紙は　もう届かないんだけど
最初に書いた通り
いま　私ががんばってることの原点に　おじいの姿があるんです
だから私は　めそめそしないで
あなたに頂いた大切なもの　それを抱いて走りつづけることにします
そうしているかぎり　私はおじいとお別れしてないんですから

おじい
前の映画から新しい映画まで
私がどんなにがんばったか聞いてください
辺野古・高江そして　先島も大変なことになっていて

宮古・石垣・与那国《よなぐに》と　撮影しながら走りまわりながら
記録したものをまとめました
ニコニコとあの顔で　手に取って読んでください

この本を
辺野古の平和運動の象徴だった　嘉陽宗義さんに捧げます

２０１７年２月

三上智恵

風かたか◎目次

本書の内容は「マガジン９」（www.magazine9.jp）に連載された「三上智恵の沖縄〈辺野古・高江〉撮影日記」（２０１５年６月～２０１６年12月）に加筆したものです。連載時に付随した動画レポートは同サイト上で視聴できます。ウェブサイト上での連載回は本書の章番号とは異なりますので、日付から該当回をお探しください。
http://www.magazine9.jp/category/article/mikami/
なお本文中の情報は基本的に掲載時点のものです。

本文中写真＝Ⓒ『標的の島　風かたか』製作委員会

1

2015年6月10日

知事が訪米直訴して何が悪い？

――地方自治の崇高な理念

「翁長《おなが》知事訪米は大失敗」「外交成果なし」「県内向けパフォーマンスに過ぎない」映画「戦場《いくさば》ぬ止《とう》み《どう》」公開にあわせての東京滞在中、本土の新聞雑誌の冷ややかな見出しを目にした。菅義偉《すがよしひで》官房長官は6月4日の会見で「アメリカ国務省は、辺野古移設が唯一の解決策だと説明したと聞いた」「時間をかけて米国に行って、知事はそれを認識して帰って来られるのではないか」と述べた。

どんなに沖縄が抵抗しても「辺野古しかない」と日本のトップが言っているのに、アメリカまで足を運んで時間を無駄にして、気の毒に「辺野古しかない」と通告されて帰るんでしょうね。こんな意地の悪い物言いをお上がするのだから、政府の尻馬に乗って「身分もわきまえぬ一知事の暴走」と嘲《あざけ》る記者も出てくるのだろう。この国の中心はなんと冷え切ったところだろう。梅雨の沖縄より気温はずっと高い東京だが、私はこの寒々しい街から早く帰りたいと思った。

しかし、沖縄で知事訪米の話を聞き、新聞を見れば、誰でもまったく違う印象を受けるだろう。県内での受けとめ方はおおむね肯定的である。それは負け惜しみでも、偏向報道でもなんでもない。私も20年沖縄で報道してきたが、大田昌秀元知事の時代から稲嶺（恵一）、仲井真（弘多）元知事の時代も、訪米は途切れずに続いている。沖縄の抱える問題を直接アメリカに訴える手法は、いまに始まったことでも思いつきでもない、積み重ねがあるのだ。市長では稲嶺（進）名護市長、伊波（洋一）元宜野湾市長も、何度も訪米してネットワークを築き、成果につなげている。

なにせこの島はずっとアメリカに統治されてきたのだ。基地を抱える地域のリーダーはつねにアメリカのシステムを勉強し、相手が軍人や軍の機構であれ政治家であれ、臆せずそこに飛びこんで、沖縄の人権を守るために直接交渉を重ねてきた。沖縄以外の46都道府県の自治体が「外交は国を通さないとできない」と思っていたとしても、沖縄は戦後ずっとアメリカ人と直接交渉するしかなかったし、それも生活がかかった引き下がれない問題ばかりだった。復帰してもその構図はさして変わっていない。いまだって、こんなに動かない日本政府に自分たちの命運を託すよりも、何度でもアメリカ本国に足を運ぶほうが早い、という実感があるのは当然ではないだろうか。

ハードルは高い。すぐに成果があるものではないことも含めて、県民は訪米直訴に楽観していないが、悲観もしていない。逆風のなかよくやった、ご苦労様という気持ちで、今回はとくに大勢の県民が「お帰りなさい」と知事を空港に出迎えに行く。それが恒例の沖縄県知事の訪米の姿だ。

今回の知事訪米にドキドキしていたのはむしろ政府と、政府と歩調を合わせて「強きを助け弱きをくじく」一部メディアのほうだろう。私たちの知事が県民の負託を受けて踏ん張ってきた行動を、「思い余って場違いなところに乗りこんだ南の島の酋長」風に揶揄《やゆ》し、事柄を矮小化しようという思惑のほうが、数段認識がずれているのではないか。

今回の訪米は、行く先々で日本政府の手が回っていることを思わせる展開が目立った。「安全保障は地元の支持がないまま進めてもうまくいかない」と翁長知事に語ったハワイ州選出のシャーツ上院議員は、2日後に「辺野古移設が唯一の選択肢」と発言を打ち消す異例の声明を発表した。アメリカ国務省で翁長知事はヤング日本部長と国防総省のアバクロンビー副次官補代行と会談したが、国務省はその直後に間髪入れず、用意してあった声明文を記者に配った。声明では「辺野古の基地建設は移設であって新基地建設ではない」と強調しつつ、辺野古が唯一の選択肢であるという両政府の立場がわざわざ書かれていた。

タクシーで立ち去ろうとする記者のところにまで走っていって渡したというから、よほど誰にも「新基地建設」と書かれたくなかったのだろう。以前、基地容認派の知事の訪米では米国防次官補クラスが対応していたが、今回はあえてランクを落として会談が設定されたあたりも、かつてなく警戒しているようすが伝わってくる。それだけ日米両政府は用意周到に「訪米直訴は無意味」とアピールする包囲網をつくったつもりなのだろう。だから菅さんも「時間をかけ、やっぱり駄目だと認識して帰られるでしょう」と余裕で皮肉ってみせたのだ。

しかし、この一連の県知事いじめを国民は本当におもしろがって見ているだろうか。逆らえないことを思い知らせてやると言わんばかりの、なりふり構わぬ沖縄県への態度。これは看過できないと厳しい目を注ぐ人たちの存在を軽視してはいないか。

この2年間、映画「標的の村」の上映会を企画してくださる全国各地の団体の方々に招かれ、現地に行って一泊する機会が頻繁にあった。沖縄からの交通費も捻出《ねんしゅつ》して私を呼んでくださるところは、やはり市民団体が元気で集客力がある地域だ。原発やダムを止めた経験があったり、9条や人権問題に活発に取り組んでいたり、目の前の問題に向き合って動いている人たちだからこそ、沖縄の動きにもアンテナを張っていてくれる。夜はその地域の抱える問題と解決に取り組んできたみなさんの話を聞き、大いに刺激される。

先週お邪魔した茨城県東海村は、国内最古の原発を抱える地域だけに、抵抗の歴史もある。この映画の後援を断る自治体や公共施設を会場に提供しないところも出てきているなかで、東海村では村も教育委員会も後援についていて、びっくりした。そこでも、脱原発運動の先頭に立つ村上達也元村長と、地方自治についてじっくりお話しする機会があった。沖縄の歴史にも精通している村上さんは、東海村JCO臨界事故の際には国や県の対応を待たず真っ先に住民を避難させ、地域の人々の命を救った方だ。地域の住民の生活を守る判断は自治体の長がする。その覚悟と気迫には感銘を受けた。

国旗強要に異を唱え、TPP反対デモの先頭に立つなど、たびたび注目される長野県中川村の曽我逸郎村長も、「標的の村」上映会をみずからセッティングし、トークに立ち、地方自治の可能性について熱く語ってくださった。村民が揃って曽我村長を誇りに思い、私に自慢してくる。村民を思う村長と、村長が大好きな村民。こんなところがあるのかと嬉しくなった。

お二人をはじめ、市町村長など自治体の長のなかには、沖縄の問題をわがこととととらえ、安倍政権のいまの対応を許しがたいと思っている方々が着実に増えていることを私は実感している。それはもちろん、国によってひとつの地域が虐げられる局面を見て見ぬふりすれば、明日はわが身だという恐怖があるだろう。だがその意味合いはもっと深い。

「地方自治法」は、主権在民を保障する大事な基本原理として、日本国憲法と同時に施行された。その地方自治法の本旨をよく理解し、その重要性を肝に銘じてちゃんとした仕事をしてきた人たちにとっては、今回の国の対応が私たちから何を奪っているのか、よくわかっているから、沖縄への対応を問題視しているのだ。

都道府県、市町村の首長とその議会は住民の代表機関であり、直接公選されている。まさに住民にとっての小さな政府である。彼らは主権者である国民のために、憲法の理念に基づいて住民のくらし全般を具体的に保障する実行主体であり、決して国の出先機関ではない。

戦前の知事は国が任命した。戦前のような国の地方への支配・関与を排除するために、戦後、住民が直接首長を選べるようになった意味は大きい。全国民に対し責任を負う日本政府と、地域住民に対して責任を負う地方政府の2種類を並列させた地方自治の基本原理は、国民主権をないがしろにして生活権を奪う中央政府の暴走を止めるという、過去の反省に立ったものである。中央政府と地方政府は並立であり上下ではない。県は国の下部組織でもなければ出先機関でもない、ましてや隷属を強いられるゆえんはまったくないのだ。

憲法と同時にこの地方自治法を獲得した日本国民には、その崇高な理念がピンと来ていないかもしれない。沖縄では、アメリカ軍統治下の人権もないなかで憲法の適用もされず、自分たちの小さな政府を持つことは許されなかった。県知事にあたる主席を県民が選ぶこともできなかった。沖縄にはそんな苦難の日々があるからこそ、自分たちの生活を守ってくれるリーダーを自分たちで選べること、大きな何かに嫌なものを押しつけられることを地域全体で我慢する必要がないこと、それを保障する地方自治法の理念は理想であり、渇望し、そして1972年にようやく沖縄県民が手にした権利であった。

であるから、市町村長や都道府県知事は、地域の住民を不利益から守り、大きな政府の暴走を止める先頭に立つのが当たり前なのである。まさにいま翁長知事がやっていることだ。大きな政府がいま戦争に向かって大きくコマを進め、ふたたび国益を掲げて戦うために、沖縄県には犠牲と忍耐を強要しようとしている。それも安保上のアメリカとの約束だと逃げて聞く耳も持たぬのであれば、約束した相手のところに行って話をするしかないではないか。くりかえすが、都道府県は政府の下部組織ではない。政府を飛び越えたとか、僭越《せんえつ》だとかいう批判はお門違いだ。地方自治法の理念にのっとって、堂々と県民を守るために交渉に出ていく知事を拍手で送り出す沖縄県民のほうが数倍健全なのである。

最近は、地域の抱える問題に対して「オール○○」「○○総がかり」といったくくりで「オール沖縄」に倣《なら》った動きがあちこちで見られるようになった。自民党一強で野党のかたちが見えない状況だからこそ、政党や思想に分断されず「オール○○」がつくりやすくなったともいえる。自分たちの大事なものが奪われていく、そのことに気づいたら、ワンイシューでいいから結束して大衆の力で抵抗する。このかたちは沖縄から全国に広がりつつある。

やがて1年になろうとしている辺野古ゲート前と海の闘いは相変わらずきつい。先週ボーリング調査が再開され、海上の衝突もゲート前の抵抗も、毎日が戦場のようだ。それでも、こんな現場から立ち上がったオール沖縄という闘い方から、全国にわずかな勇気や希望の種を分けていくことができるとしたら、また地方自治の理念を取り戻すことがこの国を良くする道筋であると再認識していただけたら、ありがたいことである。

2

戦世《いくさゆ》は終わらず　2015年6月24日
戦後70年　怒りと決意の慰霊の日

戦没者の祭壇に向かい、あれほどおざなりに頭を下げた人物が歴代総理のなかにいただろうか。1秒も留まらずにフイッと振り返り、席に戻った安倍総理。「嘘をつけ！」「基地もって帰れ！」「口だけで言うな！」言葉を読み上げるあいだ、あちこちから飛んでくる怒りの声に、完全に気を悪くしていたのであろう。

こんなことはかつてなかった。代々総理を迎えてきたこの日、沖縄県民は腹に据えかねることはあっても、「慰霊」の日であることに遠慮して、簡単に野次は飛ばしてこなかった。一人、二人でも声を上げる人がいたらぎょっとするほど、式典は式典として静かに進められてきた。しかし今回は違った。去年（2014年）7月から辺野古の基地建設を強行して1年、知事選挙をはじめ反対の民意をいくら示しても一顧だにしない安倍政権に対し、「守礼《しゅれい》の邦《くに》」の礼もとっくに枯れ果てたのだろう。総理の挨拶が終わっても、拍手は前列の政府や米軍関係者の席からしか聞こえなかったという。ケネディ駐日大使も、沖縄の心がどれだけ政府から離れてしまっているのか、今回はひしひしと感じたことだろう。

糸満市摩文仁《まぶに》の平和祈念公園でおこなわれる式典は、毎年かならず中継で全国に届けられる。参列する県知事と総理大臣の言葉、「平和の礎《いしじ》」の前で涙にくれる遺族の姿が決まって映し出されるが、沖縄の慰霊の集いはなにもここだけではない。県が把握しているだけで、なんと全島で440もの慰霊碑があり、その数だけ手を合わせる場所がある。島々全体でどれだけ多くの地獄があったのかを物語る数である。

私はこの日の午後、名護市の小学校の丘の上にひっそり立つ「少年護郷隊」の碑に手を合わせに行った。沖縄本島北部に住む14歳から18歳の少年たちを山岳地帯に潜ませてゲリラ戦を戦わせた秘密部隊「護郷隊」のことは、いまだに県内でもよく知られていない。私は何度か「護郷隊」についての特集をつくって放送してきたが、できるだけ早い時期に、もっと広範囲に映像で証言を記録したいと思っている。

旧制中学の生徒を中心に1780人が防衛召集された「鉄血勤皇隊」の存在はご存じの方も多いと思うが、同じ年頃で学校に通っていなかった北部の少年たち、およそ1000人が「護郷隊」として特殊な教育を受け、162人が命を落としたことは長く語られてこなかった。それは、この部隊が「沖縄玉砕」のあとに、アメリカの手に落ちたこの島に潜伏し遊撃戦を展開する秘密部隊として組織されたためであり、隊長はいずれも陸軍中野学校の生え抜きだった。

北部の少年たちは、毒の調合や爆雷の作り方を習い、民間人に扮して収容所に入り諜報活動をし、銃を持って白兵戦を戦った。通信兵だった鉄血勤皇隊よりも苛酷なゲリラ戦を強いられた、少年スパイ部隊だったのだ。

年々、元護郷隊員の慰霊祭への参加が少なくなっている。大声で歌っていた「護郷隊の歌」も今年は1番で終わってしまった。この曲も、彼らは護郷隊の歌だと教わり毎日歌っていたそうだが、陸軍中野学校の「三々壮途《わかれ》の歌」の歌詞の一部を変えただけ。もちろん隊員たちは、戦争中その存在自体が最高機密だった陸軍中野学校の名前も知らなかったし、戦後ずいぶん経ってから、スパイ養成機関のエリートが隊長だったことを聞かされたという。正式な軍隊ではないので補償もきちんとされないまま闇に葬られつつある護郷隊だが、遺族のなかには「あの立派に飾られた平和祈念式典の花の一本でも、国は護郷隊の碑に手向けたことはあるのか」と吐き捨てた母親もいたという。兄を護郷隊に奪われた久高栄一さんが、その悔しさを歌った歌の一部をご紹介する。

「ヤッチー　ヤーカイ（兄貴、家に帰ろう）」　※節は屋嘉節、作詞　久高栄一

2．十四、五の童《わらび》が　戦に駆出《んじゃ》さりてぃ
　今《なま》の今までぃ　音沙汰無《ねえ》らん　音沙汰無《ねえ》らん

(訳) 14、15の少年が　戦争に駆り出されて
　どんなに待っても　音沙汰がない

3. 鉄の暴風　艦砲ぬ雨風《あみかじ》
守禮の沖縄が　何の罪犯ちゃがなー　何の罪犯ちゃがなー
（訳）鉄の暴風が吹き荒れ　艦砲射撃の雨が降り
守礼の邦　沖縄がいったい何の罪を犯したというのだろうか

4. 兄貴《やっちー》　捜《とぅめ》てぃ　山々叫たしが
合図すうしや　山ぬ響ちびけん　山ぬ響ちびけん
（訳）兄貴を捜して　山々を叫び回ったが
合図を返してくれるのは　山のこだまだけ

5. 護郷ぬ戦　勤みん済まちゃしが
兄貴ぬ軍服　何時《いち》までぃ着しらりが　何時《いち》までぃ着しらりが
（訳）護郷隊の務めは　済んだはずなのに
兄貴は軍服を　いつまで着せられているのだろうか

6. 雨風に打ってぃ　白骨《しらくち》になてぃん
捜《とぅめ》てぃ帰すしどぅ　国ぬ責務《ちとぅみ》やしが　国ぬ責務やしが

（訳）雨風にさらされ　白骨になっても
　　野山を探して家に帰すまでが　国のつとめではないのか

故郷の山々に潜んで米軍と戦っていた兄。山を下りれば母や弟がいるという状況で戦った少年兵がこの国にいたことを、どれだけの国民が知っているだろうか。14、15歳でも、家族や故郷を守りたい必死の気持ちで、背丈より長い銃を背負って野山を這いずり回り、死んでいったのだ。「護郷」の名のもと、故郷を守りたいという少年の気持ちを利用したこの秘密作戦は明らかに人権に反する行為であり、日本の戦史に類例はないと思う。闇に葬り去ることは絶対に許されないし、その戦争責任は追及するとしても、私はこの歌にあるように、地上戦だったからこそ味わうことになる「70年の悲劇」を全国の人に問いたい。

久高さんは言う。「兄貴は軍服を脱いでいない」。

沖縄で亡くなった人の言葉を聞く能力があるとされる「ユタ」の言によると、お兄さんは「着る服がない」と山で嘆いているという。それを聞いた母は、どこで死んだかもわからないまま、服を持って山に捧げに行ったそうだ。次には、兄が「裸足で寒い」と泣いているというので、母はまた靴を持って山に入る。亡くなった長男のために何でもしたいと胸がかきむしられるような思いで、久高さんの母はユタに頼ったのだろう。

いまで言う中学生の息子が、自宅の裏の山で戦って、骨の一片も拾えない。その母親の苦しみは、海の向こうで戦死した兵士の母とはまた違い、実生活の延長線上にある空間につねに「お母さん」と呼ぶ息子を感じて生きていくという生き地獄である。私なら正気ではいられない。島がいくさ場になったということは、そういうことなのだ。土地にからみついた狂気を振り払えないまま、そこで生活を続けるしかなかった沖縄。ラジオで戦争が終わったと聞いたときから「戦後」が始まった本土の感覚とはかけ離れて、いまもって「戦後」など実感できないと話す体験者の言葉は真実だと思う。

国の安全のために真っ先に捨て石になってしまったこの島で、ふたたび「国防上の重要拠点だ」として、軍港と弾薬庫と滑走路が一体になった出撃基地が造られようとしている。集団的自衛権を行使する国になれば、間違いなくここは標的だ。それが国の言うような「普天間基地の代替施設」などではなかったことは、沖縄県民にはとっくにばれてしまっている。

例年、この日は慰霊碑に手を合わせて「戦争のない平和」を漠然と祈る人が多かったが、今年は各地で「基地を押し返して平和な島にしますから、力をください」「沖縄の闘いを見ていてください」という、生き残った者とその子孫の覚悟が語られていた。戦後70年目の慰霊の日は、かつてない決意に満ちた日になったようだ。

3

2015年7月29日

「戦争をする国ニッポン」の最前線にならないために
——古謝美佐子さんが歌う捕虜哀歌

映画「戦場ぬ止み」の封切りが沖縄・東京・大阪・横浜・福岡と続き、舞台挨拶に駆け回る日々が続く。なかでも一番の豪華ゲストで、かつレアなライヴになったのが、沖縄・那覇市の桜坂劇場でのアフタートークだ。

7月11日、桜坂劇場の公開日は、先行上映に続いてふたたび300人のホールが満員になった。それもそのはず、ゲストに来てくださったのは、全県民的人気の稲嶺進・名護市長と、初代ネーネーズのメンバーで、ソロになってからも世界を舞台に活躍する歌姫、古謝《こじゃ》美佐子さん。しかも古謝さんは三線《さんしん》を持ってきてくださった。実は、前作「標的の村」の県内でおこなわれたいくつかの自主上映会で、古謝さんは誰にお願いされたわけでもなく、この映画を応援したいと三線を持って何度か会場に駆けつけてくださっていたのだ。私はあとになって知ったくらいで、非常に恐縮するとともに感動した。

「童神《わらびがみ》」などヒット曲が出てからも、ずっと戦争の歌を歌ってきた古謝さん。この島をふたたび戦場にしてはならないという、並々ならぬ思いがおありなのだろう。今回も劇場のほうから打診してみたところ快く引き受けてくださった。かくして、ミニライヴ付きの贅沢なトークショウが幕を開けた。

上映が終わり舞台に上がったとき、闘病中のゲート前のリーダー・ヒロジさんと、渡具知《とぐち》武清さん一家という映画の主人公のみなさんから大きな花束をいただいて、私は幸せな気持ちで席についた。そしてまずは稲嶺市長に感想を聞いた。ところが……。

「ハイサイ！　ぐすーよう（こんにちは、みなさん）」と言ったあと、絶句してしまわれた。

「苦しくて、息ができなかった」と、やっと話したあとも唇を震わせている姿を間近に見て、私も喉が詰まってしまった。次に古謝さんに感想を尋ねると、こちらも大きな目に涙を一杯ためて一言も発することなく、おもむろに三線を鳴らしはじめた。

そのときに歌ってくださった内容に、会場ではすすり泣く人もいた。すべて破壊され、すべて奪われた、あの時代のこと。映画は1945年を基点に描かれているので、その時代を知る方々は、見終わってもまだ過去に魂を置いてきた感じがしていたのかもしれない。その歌というのは「懐かしき故郷」である。本土で終戦を迎え、占領された故郷になかなか帰ることができなかった作者が沖縄を思って歌ったものだ。

「懐かしき故郷」　作詞作曲　普久原朝喜

夢に見る沖縄《うちなー》　元姿《もとしがた》やしが
音《うと》に聞《ち》く沖縄　変《かわ》て無《ね》らん
行《い》ちぶさや　生《うま》り島
（訳）夢に見る故郷・沖縄は元の姿のままだが
　便りに聞く沖縄は
　戦争ですっかり変わり果て　見る影もないという
　飛んでいきたい　わが生まれ島よ

何《い》時《ち》が自由なやい　親兄弟《うやちょうでー》ん揃《する》て
うち笑いうち笑い　暮らすくとや
行《い》ちぶさや　古里に
（訳）いつの日か自由になって　親兄弟みんな揃って
　大いに笑いながら　暮らそうではないか
　行ってみたい　私の古里に

銀色の長髪をなびかせて歌う古謝さんは、まさに神人《かみんちゅ》の風格だ。そんな彼女が「神の島には硬いものを打ちこんではいけない」と言いきる。この島では、神の存在を畏れ敬う気持ちが、人間だけの都合で暴走し自然を破壊することにブレーキをかけてきた面がある。たとえ政治や経済が自然破壊を正当化しようとも、「神」は許さない。人を謙虚にするこの感覚が失われていない沖縄が私は好きだ。

古謝さんはまた、「基地があるから生きていけるんでしょう?」と言われつづけることを悲しみながらも、「勘違いしている人たちには怒って嚙みついても届かない。優しく、グサリグサリと広めていく」と話して、会場の笑いを誘っていた。

そして、いつも穏やかな稲嶺市長が珍しく怒りをこめて言った。

「自衛隊にはアレルギーがないかもしれないが、国はこれを国防軍にすると言う。そうなったら行きつく先は徴兵制です。それがイメージできているのか。辺野古の行き着く先をちゃんとイメージしないといけない」と、踏みこんで疑問と憂慮を語ってくれた。

今回の映画にも出てくるが、沖縄の戦争が終わって人々が自分の村に帰るまでのあいだ、敗残兵だけではなく県民も捕虜(PW=Prisoner of War)として収容所に閉じこめられていた。親兄弟と死に別れた上に衣食住もままならない屈辱的な生活。まさに生き恥をさらしつづけるような惨めな思いを味わったからこそ、当時15歳だった島袋文子おばあは「生き残っていいことは何ひとつなかった」と呻《うめ》く。鶏小屋よりも粗末な木の枠に毛布を掛けたような家だった、と文子さんは話してくれた。彼女にとっては思い出したくもない収容所の日々なのだが、この時代にも実に多くの沖縄民謡が生まれている。歌ってやり過ごす以外に方法がなかったのだろう。古謝さんが最後に歌ってくださったのは、そんな収容所から生まれた歌の代表曲である。

「ＰＷ無情〜屋嘉節」
懐ちかしや沖縄《うちなー》　戦場《いくさば》になやい
世間御万人《しきんうまんちゅ》ぬ　ながす涙
ＰＷ哀りなむん
(訳) 懐かしい故郷・沖縄が戦場になってしまった
　どんなに世間のたくさんの人々が涙を流していることだろう
　捕虜になり　なんと哀れな姿だろう

勝ち戦願《いくさにが》て　山ぐまいさしが
今《なま》や囚われりてぃ　捕虜になとうさ
ＰＷ無情なむん
(訳) 勝ち戦だと信じて　山に息を潜めて籠《こ》もっていたが
　いまは囚われて　捕虜になってしまった
　捕虜というのは　なんと無情なものだろう

（転調）
無蔵《んぞ》や石川村《いしちゃーむら》　茅葺《かやぶ》きの長屋
我んや　屋嘉村の砂地枕
（訳）貴女の収容所は石川村　茅葺きの長屋
　私は屋嘉村の収容所で　砂地を枕にして寝ます

心勇みゆる　四本入り煙草
さみしさや　月に流ちいちゅさ
（訳）心を励ましてくれるのは　4本入り煙草だけ
　淋しさは　月に流していこう

観光客が700万人を突破し、人気俳優や歌手、プロゴルファーも輩出して、沖縄のイメージはかつてなく明るく、太陽のように輝いている。そんななかで「三上さんは〈標的〉とか〈戦場〉とか、どんな暗いイメージを沖縄に植え付けたいの？」と怒られることもある。

でも、いま沖縄に押しつけられようとしている出撃基地やミサイル部隊を許し、戦争をする国ニッポンの最前線になってしまえば、それから観光産業が壊滅したと嘆いても、もう元に戻ることはないのだ。

あの沖縄戦から必死に離れようと、復興の道を70年ひた走ってきたはずの沖縄だけれど、民主主義は機能せず、平和的生存権も財産権も回復していない。日本とアメリカの軍事戦略の拠点としてあらゆる制約を課されたままのこの島は、復帰しても占領状態と変わらないという人も多い。果たして、沖縄県民は背中にPWと書かれたあの服を脱ぎ捨てきれたのだろうか。

このステージでは、もうひとつサプライズがあった。ハワイを外遊中の翁長雄志沖縄県知事から、公開初日を祝う電報が会場に届いたのだ。トークライヴの最後にそれを紹介すると会場から大きな歓声が上がった。私も嬉しかったけれど、会場の熱には驚いた。いま、日本のどこの県知事が、自分が参加できない催しの会場に電報を送って熱狂的な拍手を受けることがあるだろうか。翁長知事は前もって観てくださっていて、お祝いとねぎらいのほかに「この映画にこめられた沖縄の現状、沖縄県民の心情が広く発信されていくと信じています」と期待も添えられていた。

岐路に立つ沖縄。ふたたび国防の犠牲になれという政府に運命を託すわけにはいかない。翁長知事を先頭に険しい道を切り開いていく県民にとって、この記録映画が支えとなり、勇気となり、足元を照らす存在になってくれればと祈る気持ちである。

4

2015年8月19日

墜落事故から11年、ヘリが落ちた日の空は

「この基地が危ないままなのは反対してるお前らのせいだ。またヘリ落としてやろうか？」

そう言いながらわざと低空で飛んでいるのかと思うほど、この日、普天間基地の上空では過密な訓練が展開されていた。沖縄国際大学にヘリが墜落して11年になる8月13日。夕方5時半に集会が始まって日が傾いてからも、オスプレイを含む大型ヘリが、まるでマイクの音をかき消すかのように何度も頭上をかすめて離着陸をくりかえした。

私は37歳で沖縄国際大学の大学院の門をたたいた。民俗学者になる夢は叶わなくても、遅まきながら沖縄の民俗学をきちんと修めたいと、夕方のニュースを終えてから毎日バスに飛び乗って宜野湾市の大学に通った。すぐ隣にある普天間基地のヘリが、大学の校舎をバリバリと破壊しながら墜落したのは、卒業してまもなくの夏だった。8月13日。忘れもしない、私の誕生日でもあるこの日、友人と海に行く車中で速報が入り、リゾート服のまま踵《きびす》を返して自分の大学に駆けつけた。いや、

正確に言えば駆けつけられなかった。あちこちにテープが張られ、米兵が「ＯＵＴ！　ＯＵＴ！」とくりかえし怒鳴るので、なかなか近寄れない。車を捨てて「報道だ！　私の大学だ！」と抗議を続け、なんとか近づいた現場はまだもうもうと煙に包まれていて、ガソリンやゴムが燃えたような異臭が漂っていた。私は近くでその煙にさらされていたが、翌日、防護服を着けた兵士が現場にあらわれ、はっとした。数名でガイガーカウンターを持って事故現場の数値を計っていた。放射性物質が飛散していたのだ。毎日頭上を飛ぶヘリの機体にストロンチウムが使われていることなど、はじめて知った。知っていれば、無防備なリゾート服で胸一杯に煙を吸いこみはしなかった。

「こんなふうに住民は、あっけなく危険にさらされるのか」。いままで伝えてきたニュースが脳裏に甦《よみがえ》る。いつも米軍だけが知っていて、沖縄県民は知らぬままに被害に遭ってきた。高江のベトナム村では、枯葉剤の後始末を高江区民にさせた。劣化ウラン弾を撃ちこんだ鳥島の射爆場では、漁師たちが知らずに漁をしていた。処分に困って土に埋めたダイオキシン、毒ガスや化学兵器の貯蔵も、漏れ出して事件になってはじめて知る。いずれも米軍は当然知っているが、住民に報告の義務はないのだ。

結局のところ、ここは戦争に勝ったアメリカが戦利品として勝ち取った島なのだから、軍事拠点としてどう使おうがこっちの勝手だ、というのが彼らの本音。占領意識そのままに今日に至っているのだ。沖縄戦を生き延びた島民を追い出しはしないが、彼らのルールや人権のために軍の行動が制限されるなんてとんでもない、と。

そして安保条約と日米地位協定が、日本国民の基本的人権を保障する憲法の上位に位置してそれを可能にしているのだから、日本政府も見て見ぬふりを決めこむだけ。いまの日本で米軍基地とともに生きるというのは、これほどに危険で惨めなことなのだ。

いくらパートナーシップとか隣人、トモダチ作戦などと呼んでみても、不平等な土台の上に対等な関係性が存在するはずがない。米軍が東日本大震災で力になってくれた事実を否定はしない。しかし米軍内部では、あれが放射能で汚染された敵国から仲間を救い出すための実地訓練と位置づけられていたと聞いて、原爆投下のあとにすかさず現地に入ってきたアメリカの調査団とだぶってしまった。そもそも軍隊という組織が、友情や愛情をもつなんてありえないことだった。

毎年、ヘリが落ちた8月13日には各地で集会やシンポジウムが開かれる。今年は緊迫する辺野古情勢をにらみつつ、あれから11年、当時は姿もなかったオスプレイ24機が加わって、ますます危険になるばかりの普天間基地の即時無条件撤去を訴えてデモ行進をした。

辺野古から島袋文子おばあも駆けつけた。辺野古区民であるおばあにとっては、辺野古に基地を造らせてはいけないというのは、決して普天間がいまのままでいいという意味ではないという苦しさがある。だから、宜野湾のみなさんと連帯したい、ともに基地をなくしていきましょうとメッセージを送りたかったのだろう。炎天下、車いすで3キロ近い道のりをともに進んでいった。

おばあの覚悟。参加した県民の固い決意。空に突き上げたその拳をあざ笑うかのようなヘリの低空飛行。デモにからむ右翼団体の大音量のアピール……。

声を枯らし、汗を流して沖縄の必死の抵抗は続く。政府は「普天間を返してほしいなら、辺野古を完成させなさい」と、他国が奪った土地を人質に、涼しい場所から沖縄を脅しつづけている。

5

2015年8月26日
標的の島
宮古島要塞化計画

安倍政権の暴走を憂え、各地で安保法制に反対する動きが活発化し、沖縄に住む私たちが抱えてきた危機感を共有してくれる人たちが全国的に増えている。「辺野古の基地を止めることと、安保法制を止めて戦争する国にしないことと、まったく一緒ですね！」と声をかけられる。ずいぶん話がしやすくなった。

何度も確認するが、建設中の辺野古の基地は、滑走路しかなかった普天間基地の「代替施設」などではない。沖縄のメディアが、政府の言う「普天間代替施設」という言葉を使わなくなり、「辺野古の新基地」と呼ぶようになった背景には、政府が明らかにしない辺野古の基地の本質について調査報道してきた積み重ねがある。

核兵器や化学兵器もあったとされる辺野古弾薬庫。それに直結する2本の滑走路と、何よりも「軍港機能」を備えた、かつてない総合運用が可能な基地だ。完成すれば強襲揚陸艦《きょうしゅうようりくかん》が大浦湾に入り、オスプレイを載せ、水陸両用戦車を艦内に搭載して「ならず者国家」に向け出撃していく、戦略上の最重要拠点になるのだ。しかも辺野古の基地には陸上自衛隊も常駐する方針だ。目下、陸上自衛隊は自前の海兵隊の養成に躍起《やっき》になっている。日本版の海兵隊「水陸機動団」を新設し、その教育・育成はアメリカ海兵隊が担当している。軍事訓練上の日米の一体化はこの10年で格段に進んでいる。日米、日米韓、さまざまな合同訓練はそのたびに沖縄ではニュースになるが、本土の人はあまり聞いたことがないという。20年ここで報道してきた経験からすれば、このままでは自衛隊は、同盟ではなくアメリカ軍の下部組織になるのではないかと心配になる。

怖いのは、この一連の変化がアジアの周辺諸国にどう映るだろうかという点だ。日本人は「中国の軍事費が跳ね上がった。襲われるのではないか」と、こればかり危惧しているようだが、自国の防衛費も年々膨れあがり、過去最高の5兆円に迫る勢いで伸びていることをご存じだろうか（平成25年度予算で4兆9801億円）。そしていま、はじめて日米両方の軍隊が出撃拠点にする軍港を、これまたはじめて日本のお金で沖縄に造っているのだ。いままで沖縄にあった基地は、敗戦後にアメリカ軍が無理やり造ったという言い訳も成り立つ。でも今回は日本の意思で、日本の予算で、弾薬庫と軍港と滑走路が一体になった軍事拠点の建設に、過去最高額の軍事費を背景に乗り出しているのだ。これは周辺国からすれば立派な挑発になるのではないのか。

しかし日本国民はこの現実をあまり直視しようとしていない。政府が誤魔化している通り、「都会よりも海の上が安全だから移すのだ」「沖縄の負担軽減のために、移設には税金を使っても仕方ない」という論理に寄り添っていたいようだ。そのほうが怖い想像をしないで済むし楽なのだろう。それでも、いまわが国の自衛隊が何を購入し、どんな展開を考えているのか、それが私たちの暮らしを守るものなのか、あるいは国内の誰かの命を防波堤にする危険な計画なのか、知って考える責任が私たちにはある。

まずは自衛隊内の海兵隊的な機能に関するものから見てみる。来年、陸上自衛隊は水陸両用車AAV7を52両も購入する予定だ。アメリカ海兵隊の水陸両用車とともに、敵陣への着上陸をめざすものだ。そしていま、普天間基地には24機のオスプレイが配備されているが、これに負けじと自衛隊は17機購入する。しかも1機あたりで米軍より5～7倍も高い値段で買うというのに、それを追及しない国民もどうかしていると思う。そのオスプレイは、高温の排気を真下に向けて排出するので従来の母艦では甲板が溶けてしまう。そのため米軍の強襲揚陸艦「ボノム・リシャール」は、オスプレイ用の特殊な鉄板にリニューアルして佐世保港に配備された。案の定、大浦湾の軍港はちょうどボノム・リシャールが着岸できる長さを持っている。しかし、この軍港を使うのはボノム・リシャールだけではない。自衛隊最大の護衛艦「いずも」「ひゅうが」「おおすみ」は、オスプレイを搭載できるように大幅に改造して高温に耐える全通甲板の母艦となる。その改装費用も計上されている。

次期戦闘機F35Aの取得には4機で693億円かかるという。42機購入予定だから7200億を超える。航空自衛隊の戦闘機による衛星誘導爆弾JDAMやAGM158といった、空から地上をねらうミサイルが導入されるのだが、これは外国に撃ちこむのではなく、日本の離島が他国軍に占拠された場合を想定したお買い物だという。

ここまで武装強化を進める日本を、諸外国は脅威に思うのではないか。「空対地ミサイルは自国にしか使いません」という言説を信じられるだろうか？　しかし、その問題は今回は脇に置いて、沖縄県民としての危惧に話を進めていきたい。

空対地ミサイルの国内使用とはどういうことか。それは、南西諸島が敵軍に占拠されたときに空から撃ちこむ以外に使用が想定されるケースは考えられない。

2年前、離島が占拠され、それを奪還するという想定でミサイル基地や自衛隊の部隊を宮古と八重山にも配備するという計画を聞いたときには、まさかそんな沖縄戦の再来をあえて招来するような計画を、世の中が許すはずはないと思った。計画だけで終わってほしいと願った。ところが今年5月、宮古島を訪れた佐藤章防衛副大臣が、あっさりと配備計画を伝えた。それでも宮古島の人々はあまりのことでピンと来なかったし、地元の議会も災害時の安全などを理由に誘致に傾いた。これが完全なる「宮古島要塞化計画」であり、島の運命を大きく変えてしまう恐ろしい計画だということに、多くの人がまだ気づいていない。

800人規模の陸上自衛隊の部隊が入ってくるというのに、地元ではまだ防衛省の正式な住民説明会は開かれていない。ところが「自衛隊協力隊」という民間団体が、野原《のばる》、千代田、宮国、上野など九つの区長に話をしたとし、宮古島の市長は「説明は済んでいる」として、島民に概略を説明したり議論したりする機会を与えようとはしない。

地元の議員たちが少ない資料をもとに作図した配置図を手に、私も現場を回ってみた。主な建設場所は牧場のほか、手つかずの自然が残っている島の東海岸一帯と、島中央部の借金を抱えたゴルフ場である。いずれも防衛費で高く買ってほしい地権者側の事情が垣間見える、訳ありの土地である。しかし、そんな地元の利権につけこむ常套《じょうとう》手段をここで云々する気はない。いったい何が造られようとしているのか。その実態を知った上で、土地代や振興策などと天秤にかけていいものなのかどうかをまず判断してもらいたい。

まずは地対艦ミサイル、地対空ミサイルが置かれる。弾薬庫と実弾射撃訓練場が併設される。沖縄本島でも、実弾射撃訓練場は騒音と流れ弾の問題が頻発しているだけに、もっとも住民の抵抗が激しい。現場に立ってみてその平坦さに驚く。山に向かって撃つ場所も見当たらない。流弾は避けられないのではないか。そして、ホバークラフトや水陸両用戦車が海から乗り上げる訓練をする着上陸訓練場。高野漁港と真謝漁港のあたりの砂浜は観光客も来ない、ウミガメの産卵も見られる天然のビーチだ。そこで、辺野古のキャンプ・シュワブのように何十台もの水陸戦車が行き来するのかと思うとめまいがする。

もっとも衝撃を受けたのは、「指揮所」を地下に造るという計画だ。それは南西諸島防衛の司令部として、奄美から八重山まで配置した自衛隊の指揮を執る本部の機能を持ち、宮古島の地下に置かれるというのだ。つまり、たとえば中国の船団が台湾を囲むような事態になって、南西諸島近くを航行したいと思えば、自分たちを攻撃する地対艦ミサイルの基地がある島をまず攻撃するだろう。その後ミサイル部隊を殲滅《せんめつ》するために上陸する。占拠されたら、自衛隊は空から空対地ミサイルを撃ちこみ、水陸両用戦車で逆上陸を試みる。司令部を地下に置かなければならないのは、そういう想定だからだ。さて、そのなかで宮古島の住民は、どこにいたら生きていられるのですか？

「でも、中国が攻めてくるならどこかで止めなければならないし、申し訳ないけど、やむをえないのではないか」と考える方々に念を押しておきたい。上記の状況は、中国が日本に宣戦布告も何もしていない段階で起きるということなのだ。

アメリカの戦略・予算評価センター（CSBA）が2010年に発表した「エア・シー・バトル」構想というものがある。対ソビエト時代の「エア・ランド・バトル構想」が空から見た陸上領域の戦闘に焦点を当てていたのに対し、「エア・シー・バトル構想」は五つの領域（空、陸、海、宇宙、サイバー空間）で優位を創出する統合作戦を指す。その構想のなかで自衛隊は米軍とともに、「第一列島線」――日本から台湾・フィリピンに至る概念上の海域から、中国軍を出さずにコントロールするという考えなのだ。

アメリカとしては、中国とはいまのところ友好的にお互いの経済発展を支えあう関係にあって、核兵器を含む全面戦争に至る何歩も前の段階で軍事的な衝突を収めたいと思っている。つまり、西太平洋地域の安全のためには、大規模な通常戦争に至る以前の「中間的戦略」という概念が必要で、その提案として「オフショア・コントロール構想」や「海上制限戦争戦略」を提示している。どういうことかというと、たとえ中国が軍事的な動きを見せたとしても、「第一列島線の内側での潜水艦攻撃や機雷敷設を通じて中国の海上交通を遮断して、それらの島嶼《とうしょ》を防衛し、その領域の外側の空域および海域を支配する」という計画だ。つまり、台湾有事であっても中国が軍事的に動けば、大規模な通常戦争の脅威を回避するために、中間ステップとしての「海上制限戦争」に入るという構えなのだ。

局地的な紛争に押さえこみ、国際協力で早期に火消しをはかる。これは犠牲を極力排除できるし、悪いアイディアではない。アメリカ本国にいたらそう思うかもしれない。しかし、「局地的な制限戦争」の舞台にされたほうはたまらない。米中の軍事衝突の力試しの土俵として、自分の島を提供していいと誰が言ったのか。そこは当のアメリカも危惧している。この作戦を遂行するには「同盟国に、自国の国土から中国に対する攻撃を許可することを要求することになる。そこに困難がある」と分析している論文がある。その不安こそ、まさに集団的自衛権の行使を確約させることでクリアできる。安倍総理は米国国民の前でそれを約束してくれた、アメリカにとって実に頼もしいリーダーなのだ。

しかも、くりかえすが、この制限戦争に入るにあたって、中国が日本に宣戦布告していない段階でことが始まっていく公算が高い。アメリカが「ならず者国家が危険な動きをした。危機が迫っている。宮古島のミサイルを撃て」と言えば、集団的自衛権として自衛隊が撃つという始まりを迎えてしまう。それは相手にとっては、日米両軍からの宣戦布告と同義だ。

「アメリカが西太平洋地域の安全のために、第一列島線の内部の制限戦争を想定して訓練をする」。安保条約を維持する日本は、いまのところそれに協力する以外にない。しかしそれは、少なくともわれわれ沖縄県民の安全とは真逆の方向である。われわれの命と生活を守る上では、アメリカの安全戦略につきあっていたらこっちが危ないのだ。日本全体も、いままさに考えるべき岐路にある。自分たちの安全を守ることと、アメリカの安全を守ることの整合性がとれなくなった場合に、いったいどちらを選ぶのですか？

　われわれはすでにアメリカと命運をともにする泥舟に乗っているも同然だ。こんな大事なことをきちんと考えてくれる政府をつくり、沈まない船に乗り換えるために、日本に住む大人たちはいま相当がんばらないといけない。

6

2015年9月9日
軍備が引き寄せる戦場
——本土にもおよぶ危機

政府は突如として辺野古の基地建設強行の手を休め、沖縄県と話しあう期間を設けた。しかし、お互いに打開策も腹案も用意せずに臨んだ5回の協議内容は不毛だった。その休止期間も今日で終わる。現場は一日も休まず警戒を解かなかったが、今夜は深夜の大集合もかかっている。また緊張の日々に入っていく。ため息。沖縄県が継続中のサンゴの調査が終わりしだい、政府は数日後には海上作業を再開するという。

翁長知事は「あらゆる手段を使って阻止する」という姿勢を変えてはいないが、今朝の新聞には「県民投票」「知事選」で民意を示すことも視野に、とあった。私はその見出しに目を疑った。いまさら、また投票……？　まったく、ため息しか出ない。

政府は「普天間基地の危険性の除去」「海兵隊の抑止力」と、この20年、耳にタコができるほど同じことをくりかえしてきた。この10年はそれに加えて「中国の脅威」と「尖閣問題」だ。私に言わせれば、辺野古に新しい基地を造っても中国の脅威を叫ぶ人は減らないだろうし、尖閣と辺野古にはなんの関係もない。危険性除去も、北部の住民の危険性が増すどころか沖縄が半永久的に不沈空母になるリスクは計り知れないし、ローテーション部隊である海兵隊自体が抑止力ではないのは、もはや常識だろう。これらはすべて、念願の軍港を建設し、日米両軍の出撃基地を確保するための口実に使われてきた、欺瞞《ぎまん》に満ちたフレーズだ。

それなのに、辺野古の問題について「沖縄の人には悪いけど、仕方ないんじゃない?」と言う人はたいてい、相変わらずこの四つを理由に挙げる。しかし、もはやこれら表向きの理由について議論したり、「安保が大事だというなら本土に持っていけばいい」というディベート的な手法で国民の覚醒を期待したり、そういう行為が最近はひどく虚しく感じられて仕方がない。それは、いま宮古島が背負わされようとしている運命と、その背景にある日米の防衛構想を見れば、これまでのような堂々めぐりの基地論に拘泥《こうでい》していては間に合わないほど、救いようのない渦の中に国全体が飲みこまれようとしていることがわかるからだ。

前回の記事にはFacebookで2000件を超す「いいね!」をいただいた。大変なことが進んでいると、全国のみなさんに関心をもっていただけたのはありがたかった。今回はより具体的に、宮古島でおこなわれた緊急学習会の内容から、事態の深刻さをお伝えしたいと思う。

急を要する問題なので、米軍の太平洋域の最新軍事戦略にもっとも詳しい元宜野湾市長の伊波洋一さん(2016年7月から参議院議員に)を講師に、すぐに勉強会を開催するべきだと関係者に進言したところ、それが先月末にさっそく実現した。この問題については、私ひとりでわあわあ言うより、伊波さんの冷静な分析をいまこそ聴くべきだと思った。私は2年前に伊波さんからエア・シー・バトル構想の話を聞いて震え上がり、あれこれ調べながらひとりでパニクっていた時間が長かった。いくらか杞憂《きゆう》もあるのだろうし、私も心を落ち着けて伊波さんの話を聞く良い機会だと、宮古に飛んだ。しかしその結果、私が考えていた以上に話は残酷な方向に進んでいた。伊波さんは言う。

「かつて沖縄の基地は米軍が出撃していく場所だったが、いまは違う。この島々が戦場になる前提の訓練をするようになっている」「日本列島を補給基地・後方基地にして戦い、沖縄壊滅後は日本本土が戦闘地域になる。その想定の演習が、日米ですでにおこなわれている」

前回も書いたように、アメリカは軍事的に台頭してくる中国との全面戦争は避け、「中間戦略」として日本列島から南西諸島・台湾まで連なる第一防衛ラインの中で「制限戦争」を展開し、中国を封じこめようと考えている。これがエア・シー・バトル構想だ。

国民のなかには、集団的自衛権の問題は中東地域などに行かされた自衛隊員の危険が増すことと理解し、辺野古の問題は一部の国民が基地負担にあえいでいるだけととらえている人もまだ多いだろう。そう高をくくってきた人には、「日本本土が戦場になる想定」と言ってもピンと来ないかもしれない。でも残念ながら事実だ。沖縄への攻撃は1、2週間でカタがつくと見られているので、そのあとはすぐに本土が攻撃対象になり、上陸が想定されている。

「え？　アメリカ軍がいても2週間も持ちこたえられないの？」といぶかるかもしれないが、持ちこたえるどころではない。軍事衝突が勃発《ぼっぱつ》したら、米軍はまず後方へ退く。逃げるのだ。南西諸島に駐留はするが、戦うのは米軍ではなくて自衛隊だと、２００６年の米軍再編の中に合意がある。アメリカ軍はその後、態勢を整えてから、グアム・ハワイや本国から出直すという順番なのだ。いま、中国の持つミサイルのレベルが高くなり、沖縄までは射程圏内に入ってしまうので、危ないから逃げるということだ。

驚くのは、「初期攻撃には同盟国だけで耐えてもらう」と、戦略論文の中に書かれていること。日本・韓国・フィリピンの同盟国が同時に開戦すれば、中国を封じこめることができると予測している。アメリカが手を出して米中の全面戦争に発展してしまったら、アメリカ本国にミサイルが飛んできてしまう。それだけは何重にも避けたいのだ。伊波さんは言う。

「本来の目的は、米中の全面戦争にエスカレートしないために、日本国土の中に標的の島々をつくりだして、そして日本の国土で『制限戦争』をする。中国もアメリカも、自分の国土は攻撃されることなく、私たちのこの島だけで戦争をする。そういう想定で事態が動いていることを頭に入れておかなくてはならない」

耳を疑うことばかりだ。「南西諸島の防衛を強化すれば中国は攻めてこない」と信じさせておいて、「ミサイルを配備して標的の島をつくり、他のところが被害に遭わないように、そのエリア内の制限戦争に持ちこむ」というのが本音ということだ。それではまるで、補給もせず勝ち目のない

32軍を沖縄に張りつけ、一日でも長く沖縄の戦闘に米軍を引きつけ長引かせることで、人の命を本土の防波堤にした沖縄戦とまったく発想は変わらないではないか。

しかも今回は、沖縄を犠牲にして本土が助かるという話ではない。日本を犠牲にしてアメリカが中国より優位に立とうという話だ。沖縄の次は本土をバトルゾーンにする想定で演習までおこなっているのだ。

オスプレイが本土各地を飛ぶたびにその地域は大騒ぎになる。防衛省は、まるで本土を飛ぶことが沖縄の負担を減らすことにつながるかのように吹聴《ふいちょう》するが、それは負担軽減とは無関係だ。日本本土を舞台に中国を抑えこむ戦闘をするのだから、米軍は地形も把握し、寒冷地も飛べる訓練をしておかなくてはならない。それだけのことなのだ。

「アメリカ軍がいるために、また自分たちの生活の場が戦場になったらどうしよう」

この考えは、沖縄にいれば身近に感じる恐怖だが、本土の人にはリアリティがないのかもしれない。でも残念ながら、日本全国どこにいても、アメリカ軍の戦略のもと有事にはどこが戦場にされても仕方ない状況になっている。本土全体が沖縄化しているのだ。

「米軍行動関連措置法」（2004年6月）によって、緊急時に米軍はわれわれの土地・家屋を使用できることになっている。2003年6月に改正された自衛隊法の「防衛出動」によれば、自衛隊の任務上必要な土地、物資は収用されるし、学校や病院、港湾などの施設も押さえられる。生産や輸送、医師や土木建築従事者も協力が義務づけられている。有事法制以降の十数年で、国民保護法、武力攻撃事態対処法、特定秘密保護法……あたかも「国家総動員法」がパーツごと細切れに復活しているかのように、気づけばいつでも戦争ができ、そのときは国民の持つモノ、技、土地、命も総動員される法の整備は進んでしまっている。安保法制はその総仕上げと言ってもいい。沖縄だけではない、本土も戦場にする覚悟で、日米同盟の軍事戦略はとっくに進んできてしまったのだ。

本土の人たちが沖縄の状況を対岸の火事と見ているあいだも、沖縄では国防計画の変化はずっと他人事ではなかった。上記のひとつひとつの法案の成立も、沖縄ではニュースだったが、本土では関心が薄かった。

沖縄にいるからわかることがある。だから沖縄から警鐘を鳴らしてきた。だが、もう手遅れなのかもしれない。私は焦るばかりだ。でも一方の伊波さんは、怖い話ばかりだった講演の最後に言った。「いまならまだ間に合う。止めましょう」と。

だからこそ、みなさんには島の要塞化計画の内実を知ってもらい、早く全体像に気づいてほしい。目を覚まして、日本国民が崖っぷちにいることを、いまこそ正視してほしい。

7

2015年9月16日

沖縄と本土メディアの隔たり
――翁長知事、埋め立て承認取り消し

「これは単なる基地の問題ではない。沖縄が、ひたすら政府の命ずるままの奴隷のごとき存在なのか、自己決定権と人権を持つ存在なのかを決める、尊厳を懸けた闘いなのである」（「琉球新報」9月15日社説）

沖縄県知事が辺野古埋め立て承認を取り消す手続きに入り、国と真っ向勝負をする決断を表明した翌日、地元紙の社説は高らかにその意義を位置づけてみせた。沖縄県民による、沖縄の歴史観・価値観に根ざした、沖縄県民のための新聞の面目躍如《めんもくやくじょ》たる名文だと思う。

それでも作業を進めるという安倍総理。「戦後の政治まで遡《さかのぼ》られると話し合いは難しい」と言い放った菅官房長官に対し、社説は怒りを隠さない。

「菅氏は知事の対応について『普天間の危険性除去に関する政府や沖縄の努力を無視しており、非常に残念だ』と述べた。相手の意思を『無視』し、問答無用で行動したのはどちらの方か。『加害

者』が『被害者』を装うのはやめてもらいたい」

政府はあくまで「普天間飛行場をどこかに移すだけの話だ」と国民全体を騙しつづけたいのだろうが、毎回書いているように辺野古の基地計画は「代わりの施設」という範疇《はんちゅう》にはない。「普天間基地の危険をなんとかしようと思っただけなのに……」とうそぶいても、もう誰も騙されない。この軍港機能つきの複合軍事基地計画は日本の運命をも変えるものだ。沖縄だけでなく、どこに造っても、集団的自衛権の名のもとに日米の軍隊が使う出撃基地になってしまう。だから全国民が反対するべきだと私は思っている。だが、その恐ろしさを知る沖縄だけに、「お前のところに置く以外ない」と政府は迫る。社説はこう続けた。

「近代以降の歴史を通じて沖縄はその意思をついぞ問われないまま、常に誰かの『道具』にされ続けた。今回の政府の姿勢はその再現である。沖縄は今後も民意を聞くべき対象ではないとする意思表示にほかならない。例えて言えば、あの苛酷な原発事故の後、地元の町長も知事も反対しているのに、政府が新たな原発建設を福島県で強行するようなものだ。こんな位置付けは、沖縄県以外では不可能だ」

いま沖縄は歴史的な局面に向き合っている。耐えに耐えてきた苦難の近現代史を俯瞰《ふかん》して、今度こそ、この国と沖縄の不幸な構図を変えなければ、島の子どもたちの未来がないと思うからこそ、相当の覚悟をもって国に対峙しているのだ。国との集中協議のなかで毎回、翁長知事がしつこいくらいに沖縄の歴史に言及したのも、政府にも全国メディアの記者にも、全国民にも、沖縄の基地が押しつけられた経緯をわかってほしいからだ。「前の県知事の承認があって埋め立てに進んだ」と、直近のできごとに起点を置いて問題を単純化されては、沖縄県民の怒りや悲しみがどこから来るのかわかりようがない。

ところが、菅官房長官は沖縄側の歴史観を「賛同できない」とばっさり切り捨て、「戦後、日本全国が悲惨な状況のなか、みなさんが苦労して豊かで平和な国をつくりあげた」と一蹴した。

県民の4人に1人が命を絶たれた沖縄戦の地獄。それを強調する言説を嫌う人は、よく「沖縄戦で死んだのは沖縄県民だけではない」という。そして戦争の苦しみも、焦土から復活する地を這うような努力も、どっちがどうではない、国民みんなで涙し、がんばって豊かで平和な国にまで這い上がったのじゃないか。いつまでも被害ばかりを持ち出すな、と言いたいのだろう。しかし本当にそうだろうか？　日本全体がみんなで苦労し、みんなで這い上がった、その中に沖縄が入っていると、沖縄の歴史を知った上で言えるだろうか。

知事は今月7日の集中協議最終日、政府が「工事を再開するつもりだ」と言ったことを受け、取り消しの決断をしたという。昨日の会見の冒頭「どんなに言葉を尽くしても聞く耳を持たないのか。本当にそういう感受性がないのか」と、話が通じない政府に対するいらだちをあらわした。厳しい言葉かもしれないが、「感受性がない」とは、ずいぶん言葉を選んだ柔らかい表現だと思う。有《あ》り体《てい》に言えば、本当に不勉強なのか、鈍いふりをしているだけなのか、それともただ厚かましいのか、問題の根本にある歴史認識について変える気は毛頭ないという政府の姿勢に、知事だけではなく沖縄県民の腸《はらわた》は煮えくりかえるのである。

さらに、本土紙の記者が、人権を無視されてきた経緯とは無関係に普天間問題があるかのような質問をする。

「普天間の返還が遅れることに関して、宜野湾市民にどう説明しますか」

僕はどっちでもいいけど、宜野湾の市民は困りますよ? という立ち位置に、イラッとした県内記者も多かったと思う。「辺野古か普天間、どっちが苦しむのかって話でしょ?」という話にすり替える政府の手法に無批判に乗ってしまっているからだ。その瞬間、私も翁長知事が声を荒らげるのではと少し期待した。しかし彼は冷静に、「いまの質問が、まさに菅官房長官の『原点に対する認識』の違いだ」と受け、あなたのこの問題の読みこみ方は政府サイドのものですね、と暗に諭《さと》すように答えた。

さらに、前の知事が承認したことについて意見を求められると、「あの承認が官邸の錦の御旗となっていることを思うと、胸がかきむしられるような気持ちだ」と心情を吐露《とろ》しつつも「同じウチナーンチュがやったことだ。反省から一緒になって沖縄の未来に責任が取れるよう、沖縄に誇りが持てるようにしていきたい」と付け加えた。私は目頭が熱くなった。沖縄の歴代のリーダーたちの苦しみをよく知る翁長知事ならではの言葉だ。いわゆる「植民地エリート」が宗主国からアメとムチで手なずけられ、自分の故郷やその仲間を売ってしまう。そんな構図のなかでリーダーたちは苦しみ、宗主国は「君たちのリーダーがいいと言ったんだ。恨むならリーダーを恨むんだね」とほくそ笑む。

2013年末、当時の仲井真知事を都内の病院に入院させ、そこから抜け出すかたちで密会を重ねたすえ、「辺野古埋め立てを承認します」と公約と真逆のことを知事に言わせた政府。あれこそが、植民地エリートを人形のように操る宗主国の残酷なおこないではなかったか。だからこそ前知事を責める気持ちではなく、「かきむしられる」ようにつらかったのだし、「反省から一緒に誇りが持てるように」と、今後もともに進む仲間ととらえる翁長知事の言葉を私は誇りに思う。

これは、人の失敗や苦しさを自分の内臓の痛みとして感じる「肝苦《ちむ ぐ》りさ」の発想である。まさに革新や保守やイデオロギーではない、沖縄県民の肝心《ちむぐくる》（真心）で語れるリーダーだから、みんなで支えようとひとつにまとまることができたのだ。その翁長知事が沖縄の団結を呼びかけた。意気に感じる県民は多いだろう。

辺野古では海を分断する浮きがまた姿をあらわし、桟橋の設置も進み、大型車両の夜明けの搬入も続いている。でもゲート前は、夜中でも工事車両を阻止すると士気は高い。翁長知事が取り消しを表明した同時刻、座りこみテントは大きな歓声と拍手にわいた。

これからの工事強行、そして訴訟と発展していけば、沖縄には厳しい日々が続くだろう。知事がどこまで反対を堅持し、建設阻止まで粘れるか。知事だけではなく、彼を支える沖縄県民の覚悟が問われている。

しかし、いま本当に問われるべきは沖縄なのだろうか。覚悟もしないままに崖っぷちにいるのは、民主主義国家に生き、平和を享受しているつもりでいる本土の人たちではないのか。一県にのみ民主主義を認めず、自分たちの代表である政府が沖縄の民意をひねり潰していくのをただ眺めている国民の手の中にある民主主義など、もう腐敗した土くれと同様だ。沖縄を黙殺することで、自分と大事なものだけが守れるしくみを維持できると本気で考えているとしたら、みんなで泥舟に乗ったまま沈没する道しか残されていない。

8

2015年9月30日
不死鳥・山城博治、復活

「悪性リンパ腫で闘病生活に入ります」

今年4月20日、辺野古ゲート前で、リーダー山城博治さんは無念の表情で公表した。去年夏から24時間態勢で建設阻止の座りこみを指揮してきたヒロジさんが、どんなに無理に次ぐ無理をしてきたか。ゲートに立つ人は全員それを知っていただけに、「なぜ」「どうしてもっと早く」「どうにかと、それぞれに自分を責めたと思う。口を一文字に結び、不安も涙も見せずに「安心して治してこい」と送り出すのが精一杯だった。対峙してきた名護署の警察官までもが、早く治して戻ってほしいと彼の肩を抱いた。ゲート前に空いた穴はとてつもなく大きく、そのことを乗り越えるために、一人ひとりが覚悟を3倍にして事実に向きあう日々が始まった。衝撃が大きすぎて、当時はこんな描写もできなかった。奇跡の日を迎えたから、いまはじめてこうして書ける。

あれから5カ月後の9月20日。ヒロジさんの63回目の誕生日となるこの日、辺野古シンカ（仲間）たちは三線を練習し、琉舞を覚えて、最大限の歓迎の態勢を整えてこの日を迎えた。

ヒロジさんがゲートに帰ってくる！

座りこみ1年2カ月のなかで、知事選勝利を超えるほどの笑顔に包まれる日が来ようとは。秋晴れの空の下、ヒロジさんは不死鳥のようにゲート前に舞い戻り、復活を宣言した。

県の職員だったヒロジさんは、自治労（全日本自治団体労働組合）から沖縄の平和運動をリードする平和運動センターの中心人物になるのだが、いつのころからか、あらゆる反戦平和運動の現場にはかならず彼がいた。取材に行くと、どの抗議集会でもメガホンを握っている。分身の術のごとく、ホワイトビーチの原潜入港反対でシュプレヒコールを上げていた日の夕方には、石垣島の米軍艦阻止で県警と揉みあっている。ニュースの編集をしながら「ヒロジさんって何人かいるの？」とカメラマンが笑うこともしばしばだった。

ＰＡＣ3配備に反対する集会で、人がまばらで各社が撮影チャンスを探しあぐねているときも、ヒロジさんが登場した途端に集会のエネルギーが増幅し、シュプレヒコールを上げるころには50人が100人いるほどの勢いになる。まさに影分身の使い手である。

去年7月から毎日、いつ寝ているのかまったくわからないほど辺野古の現場に張り付きつづけたヒロジさんだが、長期間泊まりこんでの闘争ははじめてではない。ヘリパッド建設に反対する高江の闘争では7年間、住民の会の座りこみを県民運動の側から支えた。片手にハンドル、片手に携帯を持ったまま車で仮眠をとる日々が長引き、熊のように髭《ひげ》をたくわえ、私でもヒロジさんとわからないこともあった。

そうやってオスプレイに必死に反対してきたからこそ、2012年、岩国からの飛来をどんなことをしても止めねばならないと、暴風のなかで普天間基地完全封鎖を仕切ったのも彼だ。あるときは予告してメディアを動かし、あるときは自分の組織にさえ明かさずに隠密行動をとる策士であり、信頼できる内外の仲間が影の軍団となって、彼の一言であっという間にフォーメーションをつくりだす。撮影で追いかけるこちら側もジェットコースター感覚だ。

映画「戦場ぬ止み」を見ていただければわかる通り、短気で口が悪くて足が短い以外には欠点がない、底抜けに優しい人情派。弱者、はみ出し者、斜めから見ている人、飛び出す人。どんな人もゲート前の渦に巻きこんで仲間にしていく手腕は圧巻。そして誰のことも切り捨てない。しんどいことは自分がやる。仲間の欠点や失敗は身体を張って守る。彼のアジテーションは超一級品だが、二級レベルの歌や踊りも惜しげもなく披露し、みんなが安心してテント前で一芸を披露し楽しんでいい空間をつくった。ヒロジさんを指して「過激派」という人がいるが、それは彼と30分もともに時間を過ごしたことのない可哀想な人だ。

沖縄には歴史に残る大衆運動のリーダーたちがたくさんいる。阿波根昌鴻《あはごんしょうこう》、瀬長亀次郎、安里清信……挙げればきりがない。辺野古の闘い20年を振り返っても、金城祐治、当山栄、大西照雄……すでに他界された方だけでも、これだけ素晴らしい方々がいた。そんな伝統ある辺野古の現場

をいま任されているヒロジさんの凄さというのは、類《たぐ》い稀《まれ》な作戦を繰り出す能力だけではなく、実はこのゲート前を、大芸能大会つきのピクニックの場に仕立て上げていったことだと思う。

日米両政府を向こうに回して、終わらない闘いを強いられてきた沖縄の知恵は「鈍角の闘い」である。まさに老若男女が好きな時間に好きなスタイルで参加していい、それこそが強みなんだという場をつくりきれたのは、ヒロジさんのキャラクターと経験値である。私は、みんなが参加したくなる空気を維持していくこの知恵こそ、いま全国に伝えたいと思って映画にした。

政治なんて興味ない、何をやっても変わらないと、大衆が汗も知恵も絞らずに来た数十年の積み重ねで、ここまで日本が劣化したのだ。巻き返しをはかるには、大衆が危機感で集まるだけでなく、そこから心躍らせ、おもしろがることができる、さらに人を呼べる抵抗の現場をどうつくっていくのか。継続しない運動は権力者にとって恐れるに足りない。折れず、ひるまず、継続するパワーを獲得することが、実は一番大事なポイントだ。

ヒロジさんというリーダー像は、いまの政権に抗う日本の大衆にとって特効薬になりうると思った。権力を笑い、みずからの可笑《おか》しさも笑いあいながら、歌って踊って怒って泣いて座りこむのだ。ここは私たちの暮らす土地であり、子どもたちに渡す、先祖から引き継いだ大切な島なのだから。

私の好きな白土三平の漫画『忍者武芸帳・影丸伝』の中で、忍者のリーダー影丸は何度首をはねられてもまた復活して大衆を率いる。それは、権力がいくら力ずくで首謀者たちを消し去ったつもりでも、優れたリーダーはかならずまたあらわれるということなのだと思う。私は沖縄の闘いを見てきたこの20年間で、それを実感している。

取材を始めた当初、ヒロジさんのような土臭い人情型ヒーローが生まれるとは思ってもみなかった。しかし彼のいない5カ月間に、また力も魅力もある準リーダーたちが頭角をあらわしてきている。『忍者武芸帳』は、まさに大衆運動の凄さを描いていたのだと納得する。

ところで、復活したヒロジさんはもちろん影武者ではない、本物のヒロジさんだ。死神に会って追い返してきたという。悪性リンパ腫の末期宣告から見事に蘇《よみがえ》ったのは、沖縄にとって大事な方だからと、万全の体制で臨んでくれた医師団の力も大きかったそうだ。まだリハビリ優先で、全面復帰はしばらく先になるが、ヒロジさん不在の期間に鋼のように鍛えられた現場の強さは5カ月前の比ではない。

まもなく迎える知事の承認取り消しを、辺野古の現場は揺るぎない態勢で迎えようとしている。

9

丸い虹が見えていますか　２０１５年10月21日

――沖縄、国と全面対決へ

２０１５年10月13日は、沖縄県の歴史に残る日になった。単純に、知事が辺野古の基地建設の埋め立て承認を取り消した日というだけではない。たとえ一県が国と真っ向勝負するかたちになってでも、自己決定権と尊厳をつかみ取り、長い隷属の歴史にみずから終止符を打つのだと高らかに宣言した日であり、沖縄県民が覚悟をもって待ち望んだ瞬間だった。

米経済誌『フォーブス』は、翁長雄志知事を「日本でもっとも勇敢な男」と見出しのついた記事で取り上げた。私は今月上旬、釜山《プサン》と山形のふたつの国際映画祭に参加した。ノミネート作品「戦場ぬ止み」の上映後、韓国、台湾、マレーシア、フランス、インドなど各国の映画制作者たちから激励を受けた。口々に言うのは「日本人は権力に抵抗しない、従うだけの国民だと思ったが、こんなに闘っていたとは」「人権を勝ち取る闘いに連帯したい」「私の国でも上映したい」と、すこぶる肯定的な反応であった。

世界中の国から集まったドキュメンタリーに登場するのは、圧政に苦しむ人々、街が戦場になり右往左往する家族、レイプと売春の巣窟から抜け出せない女性たち、弾圧される民主化運動……。どこにも人々には勝ち目のないような圧倒的な権力や歪んだ社会があり、それを前にひるまず前を向いて闘う人々の姿があった。人間社会は目を覆いたくなるほど不条理に満ち満ちている。それでも覚醒し、連帯し、誇りをもって立ち向かっていく姿はそれ自体が美しく、見る者にたくさんの勇気を与えてくれる。そして、辺野古で19年も踏ん張って基地建設を止めてきた沖縄県民の群像は、世界各地でがんばっている人たちを惹きつける力を十分もっているということを、映画祭で再認識させられた。

生きることは闘うこと。理想を語り、乗り越えていくこと。たくさんのドキュメンタリーを浴びるように見て沖縄に戻り、さらにその思いを強くした。辺野古に立ち戻って聞いた現場の人々の発する言葉、とくに悪性リンパ腫を克服してゲート前に戻ったヒロジさんの言動に接するとき、生きている実感と喜びの行き着く先まで見えてくるような気がした。

照屋寛徳《かんとく》・衆議院議員「ウチナーンチュの尊厳、自己決定権をかけた、なんとしても勝たなければいけない闘いです。一緒にがんばりましょう」

稲嶺進・名護市長「国が金科玉条にしていた前知事の埋め立て承認がなくなった。その根拠が崩れたわけです。より一層、知事を支える態勢を整えていきたい」

渡具知武清さん「嬉しいですよ。やっとここまで来たんだなあと。前よりも期待があるんですよ。こんなに人が集まった。もっと集まれば止められる。実際に工事が中断したわけですから、これは凄いことですよ」

去年の11月、翁長知事を知事に選出してからおよそ1年。当選後はすぐにでも辺野古埋め立てを撤回、または取り消してほしいと現場は期待した。しかし、第三者委員会を立ち上げて慎重な上にも慎重な検討を重ねていった翁長知事。その手法に焦燥感を募らせた人も多かった。それでも、政府を動かすために島ぐるみで積み上げ げ、つくりあげていった一体感に水を差すことはすまいと、お互いに立場の違う県民どうしがずいぶん辛抱をしあってきたと思う。疑心暗鬼におちいりそうになる仲間を交互になだめながら、新たな信頼や連帯を構築しつつ、県民も鍛えられていった期間だった。そうして一日千秋の思いで待っていた沖縄県としての「取り消し」だから、今後やってくる嵐はさておき、現場は躍り上がるほどの喜びを爆発させた。

これで、基地建設を強行すれば国側が「違法」になるわけだ。昨日まで反対運動を排除してきた沖縄県警も、今日からは一義的には埋め立て許可のない違法工事を取り締まる側に回ることになる。まさに180度転回だ。国が対抗措置として取り消しの無効を申し立て、裁判闘争に入っていくとしても、「知事の許可がない工事はやめてください」と堂々と言えるようになったすがすがしさを県民は手にしたのだ。

ヒロジさんはこの日を迎えた心情をこう表現した。

「これからやってくる怒濤《どとう》のような嵐に立ち向かっていこうというふうに、沖縄がここまで団結したことはない。私はいま、この歴史の中に生きていることを喜びとします。明日私の命を取るなら取れ！　しかし今日ここにいて、ここで叫んで、歴史を開く、未来を開くという決意は変わらない。その喜びを毎日噛みしめながら生きていきたい。生きたい。みなさん。ぜひ感激と感動と、誇りをもって立ち向かっていきましょう」

明日命が潰《つい》えるとしても、今日ここで叫び、未来を開くという決意は変わらない。6カ月もベッドの上に縛られ、たくさんの管を入れられて身動きもできないなかで、生きたい、現場に立って叫びたい、せめて最後の日まで、歴史の中に生きた感触を体じゅうにみなぎらせて、喜びとして噛みしめたい。そう強く強く願って現場に戻った彼の言葉から、私たちはこの闘争の意味も、生きるという行為そのもののダイナミズムも教わっていく。

なんという場なんだろう。自分の命の先にある者たちへつないでいく大切なもの。そのかたちを確かに見た気がした。それは、みんなで丸い虹を見たような体験だった。美しい虹の本来の姿、なかなか実像を結ばない「理想」の純然たるかたちを目の当たりにしたら、みんなで喜び溢れてそこに向かって歩いていくことになるだろう。そんな丸い虹を天空に浮かび上がらせる力のあるリーダーが、翁長知事をはじめ、ヒロジさんももちろん、この島にはわんさかいるのだ。

中谷防衛大臣は言う。「知事による埋め立て承認の取り消しは違法である」。政治家の言葉は重く灰色だ。彼らは丸い虹を見たことがあるのだろうか。数年や数カ月間だけ大臣などの要職につく政治家たちと、島の歴史から未来まで、先祖から子孫までを見据えて、いまこの瞬間に責任を果たそうとする島人《しまんちゅ》と、どちらのパワーが本物なのか。この島が包含するエネルギーは決して侮《あなど》れない。何度も天空に丸い虹を映し出し、後生《ぐそう》（あの世）の先祖も揺り起こして、ともに島の未来に生きる子どもたちにつながる道を笑って進もうという者たちを、誰も止めることはできないだろう。

10

2015年11月11日
警視庁機動隊vs沖縄県民の闘い

「辺野古　本体工事着工」「埋め立て着手」。こんな見出しで報道合戦が展開された。

先月29日、大手メディアは朝からいっせいにヘリを出し、中継も交えて大々的に沖縄県の「負け」を伝えた。こういう政府発表のXデーにしか姿を見せない中央メディアも、こぞって辺野古に押し寄せた。

ところでこの報道だが、政府発表の「本日午前8時、公有水面の埋め立てにかかる工事に着手した」という文章をなぞったもので、工事の進捗状況を各社がどこまで取材した結果なのか疑わしい。少なくとも海にはまだ何も投下されていない。陸上部分の工事は、かねてからずっと続いてきた。なのに、いつも現場にいない中央の記者たちに、今日のフェンスの中の作業が「本体」か「埋め立てにかかる」工事なのか、本当にわかるのだろうか。新基地の工事なら、兵舎の移設も含めて7、8年前からずっとやっているというのに。

去年7月1日もそうだった。「いよいよ本体工事に着手」と各社こぞって、さも一大事のように伝えたが、ショベルカーの動きは前日までの工事とさして変わらなかった。いまさら「本体」と言われても、いままでやってきた工事は新基地「本体」でなければなんだったのか。さらに11月の知事選勝利のあとも、衆院選勝利のあとの年明けも、作業初日だけメディアは「本格工事再開」と騒いだ。

この1年あまりのあいだだけでも、こういう政府発表のタイミングで、沖縄が「やられる」姿を何度も全国ニュースにされてきたが、この手法はもうやめにしたらどうだろう。こんな儀式めいた報道のうさん臭さに、国民もとうに気づいているのではないだろうか。少なくとも抵抗運動で連日座りこんでいる現場は鼻白む空気だ。中継車とヘリと見慣れない記者たちが通過したあとは、昨日までのように、そして今日からも、地道な抵抗が日々続いていく。

政府の魂胆はわかりやすい。翁長知事が埋め立て承認を取り消そうが何をしようが、どんな手を使ってでも工事を進める環境をつくる。やるときはやる。政府の力を見せつけ、「ついに埋め立てまで行ったか」「国に歯向かっても無駄だ」と県民、国民を無力感に誘いたいのであろう。しかし沖縄県民はもう、こんなメディアを使った露骨な手法に騙されない。

「19年止められつづけた普天間代替施設の本体工事に、ようやく着手しました!」等と嬉々としてリポートしていたテレビ局に至っては、権力側の視点に立って権力側の出す広報文に踊らされ、現場にいて現場にいない官製ジャーナリズムの哀しさをも感じた。だから私は、これらの動きと一緒になって、この日を節目にするようなリポートはいっさい出したくなかった。

しかし私の今回のリポートは違う。県民が身体を張って政府の圧力に抗している辺野古の現場に、警視庁の機動隊が乗りこんできた。ついに県外の治安部隊が投入されたという異常事態を伝える目的でこれを書いている。11月4日、まだ暗いうちからキャンプ・シュワブのゲート前に、練馬・品川・多摩ナンバーの警察車両が続々やってきた。のっぺりした表情の見慣れない警官がぞろぞろと降りてくる。「いよいよ平成の琉球処分か⁉︎」という怒号があちこちから上がった。

なぜ東京から機動隊を呼ぶのだろうか。沖縄県知事が、基地の工事に必要な「埋め立ての許可」を取り消したのだ。沖縄県警は、いままで合法な工事を邪魔する人々を排除するという論理できたのだろうが、大前提である許可がなくなり工事の権限が失われた。今後は、違法な工事をごり押しする防衛局やその業者を取り締まるべきだろう。政府が知事の「取り消しカード」を無効にする捏造ジョーカーを出してきたり、ゲームのルールそのものを後出しで変えてきたりしても、われわれ沖縄県の海を埋めないと言ったのはわれわれの知事だ。その下で、沖縄の警察官はこれまで以上に苦しむだろう。沖縄県警としては、政府が国策として強権的にやるなら恨まれ役はもうたくさんだ、県警ではなしに政府の傭兵でも送りこんだらどうだ、という気持ちにもなるかもしれない。

しかし、身体を鍛え上げた機動隊の若者たちの何割が、沖縄の戦後史に興味をもってくれているのだろうか。ある調査では、日本の大学生の半分以上が、戦後27年も沖縄がアメリカ軍の統治下にあった事実を知らないという。沖縄の苦難の歴史、辛抱強い県民がどうして今回はここまで怒っているのか、警視庁の若い隊員がまったく理解していないとすれば、沖縄県警とは対応に雲泥の差が生じるだろう。菅官房長官が言うように「70年前の話をされても困る」という都合のいいスタンスで、2年前の前知事の埋め立て承認がすべての基準であるなどと教育されて来たら、座りこんでいる人々はただの不平分子で、治安上、鎮圧されて当然としか思えないだろう。そういう血も涙も情けも乏しい若者によって、沖縄の大先輩たちが排除されていく姿はとても正視できない。

86歳になる島袋文子さんのことは何度もこの連載に書いてきたが、私は彼女や島のお年寄りが抱えてきた癒えない悲しみと重い荷物を少しでも楽にすべく、辺野古の計画の白紙撤回を勝ち取るためにテレビや映画のドキュメンタリーに取り組んできた。ところが、白紙撤回どころか状況は悪化、毎日彼女が般若《はんにゃ》のような形相で機動隊に食ってかかる場面を現場や報道で見て、胸が張り裂ける思いだ。

そして、悪性リンパ腫という大病から生還し、まだまだリハビリ途中のヒロジさん。治療器具を埋めこんだその身体で、どれだけみんなを守るために無理をしてしまうのか。しかし警視庁の機動隊の姿を見た彼を、病など忘れて突進していく彼を、誰も止められるわけがない。

無機質な表情で、命令のままに黙々と人間を排除していく機動隊に対し、こちらが持つ武器は人間を慈しみ、尊厳を守り、心の底に横たわる正義に照らして判断する行動力だけだ。だがそれは、思いのほか脆《もろ》くはない。身体を鍛えていなくても、若くもなく体力がなくても、抵抗している県民の側がもっている強さは彼らを圧倒していく。

力ずくで基地のゲートを破ろうとする人は逮捕できても、踊ったり笑ったり歌ったりしている人を逮捕するのは難しい。どんなに強権的に人々を押さえつけようとしても、沖縄の民衆の手には、70年のあいだに着々と揃えてきた、目には見えない何種類もの非暴力の武器と、諦めずへこまない知恵がある。

翁長知事夫人の樹子《みきこ》さんは、ゲート前で「万策尽きたら最後は夫婦で座りこみます」と覚悟を語った。そして、「まだ万策尽きてはいない。日本中から、世界中から支援がある。これからも諦めず、心をひとつにしていきましょう」と続けた。現場はまたひとつ大きな感動を共有し、またひとつ強くなった。

今日11日は早朝から完全封鎖の呼びかけがある。まだまだ万策は尽きていないのだ。

11

国と県が起こしたふたつの裁判

2015年11月18日

国は昨日（17日）、ついに沖縄県を提訴した。

辺野古の基地建設をめぐる埋め立て許可について、沖縄県知事がこれを取り消したことは「違法」だとし、国が県の権限を奪って代わりに執行する「代執行」という強権的な手法を裁判所に認めさせようというものだ。

国が県を訴えるという構図は20年前にもあった。米兵の起こした少女暴行事件に怒り、基地撤去へと立ち上がっていく県民を代表し、基地使用の「代理署名手続き」を拒否した当時の大田県政にしかけられた裁判だ。当時は戦後50年。沖縄戦から半世紀が過ぎて、なおも重くのしかかってくる基地の負担、沖縄の屈辱の歴史を法廷で訴え、世論を喚起する意義はあったが、裁判としての勝ち目はなかった。

しかし今回は少し違っている。今度は沖縄県側からも同時に裁判を提起する。国土交通大臣が沖縄県による承認取り消しの効力を停止した「執行停止」に抗告する裁判だ。それを受けて裁判所が「重大な損害を避けるために緊急性がある」と認めれば「執行停止の効力を止める」、つまり、いま進んでいる工事を中断させることができるのだ。

両方が裁判を起こす話になり、読者にはややこしくて申し訳ないが、つまり20年前の裁判と違うところは、毎日キャンプ・シュワブのゲート前と海上で大勢の県民が命がけで止めようと奮闘しながらもずるずると進んでいく基地建設を、裁判所の判断によっては少なくとも一定期間止めさせる可能性がある、という点である。

そもそも、この埋め立てにかかる手続きには誤りがある、瑕疵《かし》がある、と沖縄県知事が言っているのに、なぜかその中身はまったく議論されていない。政治の場でもメディアでも、もっと埋め立ての引き起こす損失と、それに至る非民主主義的な手続きの異常さを取り上げてほしい。

世界的な環境アセスメント（アセス）学会である「国際影響評価学会」の会長も務めた環境アセスの第一人者、原科幸彦・東工大名誉教授も、辺野古新基地建設の環境アセスの中身は「環境保全に対応できていないという瑕疵がある」「翁長雄志知事の埋め立て承認取り消しは妥当と思われる」（「琉球新報」11月17日付）と警鐘を鳴らしている。

方法書や準備書の段階までオスプレイの配備を隠し通して進めてきたことや、海上でボーリング調査をして海の環境を攪乱《かくらん》したあとにジュゴンの生息環境を調査するなど、科学的な評価ができず、道義的にも問題があったと指摘している。

環境アセスは本来、大きな建設事業に先だって、事業の必要性について住民に理解してもらい、住民の懸念事項を払拭《ふっしょく》するために義務づけられている、きわめて民主的な手続きである。8年前、辺野古環境アセスについて原科教授に直接取材させてもらった際、原科教授は、人類共通の財産である自然を極力壊さないという観点から環境アセスという概念を周知し、事業者側に義務づけることに成功してきたこと、その勝ち取ってきた民主的精神まで手放すような悪しき前例に辺野古がなってほしくないと、悔しそうにインタビューに答えてくださったのが印象に残っている。

加えて、「公有水面埋立法」というのは、明治憲法のもとで制定された中央集権的なものであり、時代遅れの法律といわれている。手続きを進める国にとって有利な法体系になっているのだ。

しかしいま、憲法は変わり、私たちは地方自治法のもと、国家権力に地域の生活が蹂躙《じゅうりん》されないようにするシステムをもっているはずだ。県民の生活環境を守る立場から、自分たちの住む環境への悪影響が限度を超えていると、地方政治の代表者としての知事が判断したのであれば、その判断が尊重されるのは当たり前のことだ。

司法の場ではぜひ、この大原則について根本的な議論を戦わせ、日本国における国と地方のあり方を全国民で考えるきっかけにしてほしい。そうすれば、おのずと「沖縄県民への重大な損害を避けるための緊急性がある」と裁判所が判断することになり、工事の手を止めて国民的な議論に発展させることができれば、国の暴走を許さず、地方の暮らしを守り、地域の意思を尊重する歴史的な判決が出ると私は信じている。

ところで、海上の作業は着々と進んでいる。一昨日3台目のスパッド台船が設置され、先の2台はすでに海底を掘削するボーリング作業に入っている。この連載でも何度か水中映像を紹介したが、沖縄本島の海洋環境再生の鍵を握ると言っても過言ではない大浦湾の生態系が、この埋め立てで危機に瀕しているのだ。1997年から座りこんで海の破壊を止めてきたおじい、おばあ、その遺志を受け継いでがんばってきた無数の現場の人たちも、私も、いま悔しくて仕方ない。

そのなかでも、ゆり船長の積年の思いは簡単には言葉にならないと思う。映画「戦場ぬ止み」のラストシーンで強烈な印象を残したゆり船長。実は前作「標的の村」にも、「海にすわる～辺野古600日間の闘い」にも彼女は登場している。2004年の辺野古海上の闘いのときも、仕事の合間にやぐらに登って、ボーリング調査の機械を稼働させせない闘いに身を投じていた。それ以来10年を超すつきあいだ。

去年夏のある晩、少し酔った彼女がひとり、部屋で泣いていたことがある。

10年前の闘いの写真集を見ながら、「この人もいなくなった。この人は天国に行った。この人は来られなくなった……」。そうつぶやいて、それぞれの顔写真の上をなでては涙を流していた。

「この人たちは戻ってこないのかなあ。こないんだよねえ。私たちががんばるしかないんだよね、ちえさん」

彼女はお年寄りのみなさんと話すのが大好きで、介護の仕事に精を出していた。施設でおじい、おばあの話を聞くうちに、戦争と占領を体験した彼女・彼らのなかにある癒えない悲しみ、悔しさに接し、そしてまた基地をめぐって県民が苦しんでいる辺野古の現状を見て、いたたまれない思いでいることを知る。

「私が元気なら行くけどね、悔しいね」「なら、私が行ってくるよ、代わりに」

そんな会話が彼女の背中を押した。去年の夏から彼女は仕事を辞め、あっという間に船舶免許を取って、毎日抗議船に乗って海に出る船長になった。はじめての航海がなんと去年の8月14日、あの辺野古崎が包囲された日だった。私は明け方から、とんでもないことになった状況を撮影しつつ、ついに船長になった彼女のデビュー操船の模様も撮った。

明るくて勝ち気で人なつっこい性格で、地元の海人《うみんちゅ》や一部の海上保安官（海保）にも可愛がられているゆり船長。先週12日、ボーリング作業が再開され、海上チームがとても悔しい思いをした日も彼女は船上で奮闘していた。

「県知事の許可のない工事はしないでください！」

カヌーチームも船団も、もっと近くで訴えたくても、オイルフェンスに阻まれて簡単に台船には近づけない。中に入ったカヌーを海保のボートが容赦なく確保する。ゆり船長の船もフェンスを越えていこうとするが、あっという間に海保に挟まれて確保されてしまう。状況は「抵抗を試みている」に過ぎず、阻止行動の何歩も手前で歯ぎしりをしている現状だ。圧倒的な海保の数に歯が立たない。

それでも彼女は、乗りこんできた海保に操船キーを渡さない。新聞記者やカメラマンを乗せた船の責任者として。カヌーチームを牽引してきたリーダーとして、絶対に船を空けわたさない。「降りてください。なんでこんなことするの？　顔を見せなさい！」とサングラスを奪い、海保の船に投げる。仲間がまたサングラスを戻す。こんなやりとりを見ていると、私も海保の隊員が心底気の毒になる。背景を知らずに映像だけを見る人には、彼女の精一杯の抵抗が単なる悪ふざけに映るかも知れない。でも、少なくとも私の目には、この十数年のゆり船長の体内に蓄積した悔しさ、受け取ったバトンの重さ、日々の闘いでぼろぼろになっていく彼女が、それでも逃げないで毎日海に出て行く気高さが、圧倒的な存在となって映り、胸がいっぱいになる。そんなに背負わないでいいよ、ゆりちゃん、といって抱きしめて一緒に泣きたくなる。

こんなにきつい思いをした翌日も、また朝4時に起きてみんなのお弁当をつくり、船を出す。そんな人たちが毎日数十人も海に出ているのが辺野古の海上行動の日常なのだ。こんなことをずっと続けさせていいわけがない。本当の敵ではない海保のみなさんと、もう一日も対立したくも、傷つけあいたくもないのだ。

だからこそ、司法はきちんと見てほしい。機能してほしい。もちろん国の言い分も聞いて、そして沖縄に住む人間がどんな過去を背負い、それと力ずくでもいま決別してつかみ取りたい未来とはどんなものなのか。きちんと県民の声を聞いて考えていただくためには最低限、この身体を張った抗議を連日せざるをえない異常な現場を黙殺せず、休戦のホイッスルを吹いてほしい。正義を実践するために司法があると、国民を安心させてほしい。

12

2015年12月16日
「オール沖縄会議」結成と反戦退役軍人たち

「1960年の、祖国復帰協議会設立以来の歴史的な日になる」

ヒロジさんは高揚した表情でそう言った。

12月14日、辺野古の基地建設に反対するあらゆる市民団体、政党、企業、議員らを網羅した、かつてない全県的な枠組みの「オール沖縄会議」が発足した。「島ぐるみ会議」もそこに包含される。ボーリング調査も終盤で年内に埋め立ても迫り、日に日に基地建設を阻止する現場の状況は厳しくなっているが、支援体制を強化し国との裁判を闘っていくための強力な母体が誕生した。宜野湾市コンベンションセンターの会場は1300人の県民で埋めつくされ、この逆境のなかにあっても不思議なほどの拍手と歓声と笑顔、舞台の熱弁を受けて「やさ！（そうだ！）」など会場からのかけ声も絶えず、エネルギーが漲《みなぎ》っていた。

決意と尊厳に満ちた集会。ヒロジさんの名演説も炸裂した。私も、歴史的な瞬間に立ち会えた感動を体験した。もはやジリ貧の沖縄で、なぜそんなに明るいの？　と全国のみなさんには不思議に思われるかもしれない。だからこそ、この大会の空気を伝えたい。

この日壇上に上がった人たちはみな、「よくここまで来たものだ」とこれまでの歴史を口にした。普天間基地の移設先が辺野古とされてからの18年間のことだ。

県民の抵抗は、１９９７年初頭に結成された「命を守る会」に始まる。中心となったのは辺野古のお年寄りのみなさん。「戦争中も海のものを食べて生き延びた。宝の海を残したい」「いざとなれば、海に入ってでも止めます」と、毅然とした態度で鉢巻きを締め、どこへでも出かけていった熱血のおばあたち。いま、その多くが鬼籍に入られた。18年はあまりに長い。しかし、そのバトンを受け取った人々がいまの辺野古を支えている。

そして闘いの原点になったのは、97年の12月21日におこなわれた名護市民投票だった。街を二分した激しい票の争奪戦のすえに「移設反対」を勝ち取った。このときの名護市民の民意が、いまに至るまで礎として横たわっている。その直後に比嘉鉄也名護市長（当時）が受け入れを表明するという裏切りがあり、ここから事態は迷走してゆく。それでも、あの市民投票でもしも受け入れ賛成の票が上まわっていたら、絶対に今日ここまでの闘いを維持できなかっただろう。名護市民の「ノー」があって、それを踏みにじられたところから県民の怒りは正当性を帯びた。名護市民である安《あ》次《し》富《とみ》浩・ヘリ基地反対協共同代表も、「あの住民投票で名護市民が勝ち取った民意。あの日があるから今日がある」と、結成大会で誇らしげに話した。稲嶺市長になってから、移設の成果と連動する政府の交付金が途絶え兵糧攻めにあっても、名護市民は稲嶺市政を支えた。たとえ踏みにじられても、市民投票で意思を示したこと、あの日に勝ち取った確かな感触までは奪われない。市民投票は大事な一里塚だった。

しかし、その市民投票のあと10年余り、名護市長も容認派に代わり、県知事も軍民共用を条件に受け入れる立場を取り、知事も市長も容認という厳しい年月が流れる。そのあいだに海にやぐらを建ててボーリング調査をする国と、やぐらの上に座りこむ人々とのあいだで、1年半に及ぶ壮絶な攻防があった。いま思えば、市長も県知事も味方してくれないなかで、よく杭の一本も打たせない闘いを貫徹できたものだと思う。いまほど現場の状況を報道してくれるメディアもなかった。私が所属していた局だけが通い詰めて、現場から「沖縄のアルジャジーラ」の称号をいただいたのもこの時期だった。辺野古がまったく全国ニュースにならない苦しい時期だった。

そんななかで当初から毎日現場に張りつき、身体を張ってこの海を、島の未来を守ってきた金城祐治さん、当山栄さん、大西照雄さん、土田武信さん、佐久間務さん、久坊さんこと島袋利久さん、そして染谷正國さん……。力も人望もあって闘いをリードしてきた方々が、闘い半ばでどんなに無念な思いで旅立たれたか。辺野古闘争のなかで、ずいぶん多くの人を見送ってきたと思う。そのたびに残された者たちは遺影を前に、涙を拭《ぬぐ》って「遺志を受け継ぎます」と誓い、歯を食いしばって歩いてきた年月だった。

そうやって現場から姿を消した人も多いが、いまは当時の何倍もの人々が辺野古にかかわってくれるようになった。隔世の感がある。去年のオール沖縄の選挙の成功で、辺野古反対の翁長知事が誕生。8割の県民の反対を背景に政府と対峙し、それを現場で支えようと毎日バスが何台も辺野古に来る、島ぐるみの闘いに発展した。名護市長も知事も本気で反対してくれて、選挙区から選出した国会議員が全員辺野古反対なのだ。よくぞここまで来た。もう百人力だ。あの逆境の日々を乗り越えてきたのだ。この陣容で越えられないわけがない。

名実ともに「オール沖縄」の運動を構築して迎えた結成大会の日、この18年を俯瞰して感動と自信が溢れてくるのは、山あり谷ありの闘いの日々を共有してきた者どうしだから。お互いに健闘を讃えあい、さらに強固になった絆と、膨らむ勢いを確認しあう節目となった。

沖縄全県の闘いになり、県外からの応援も増えているが、基地の主であるアメリカ軍を退役した元軍人たちが先週から阻止行動に加わっているのも、かつてなかったことだ。

アメリカでは退役軍人の団体は政治を動かす一大勢力だが、今回来沖した「ベテランズ・フォー・ピース」は、それとは違う。軍の内部にいた経験をもつ元兵士らが、アメリカの軍隊や戦争がもたらす不幸を終わらせるために活動する、強力な平和団体だ。結成大会であいさつをしたアン・ライトさんは元陸軍大佐で、その後外交官になるものの、ブッシュ大統領の始めた戦争に反対して解職になった女性だという。平均年齢60歳を超えるメンバーたちだが、さすが元兵士、筋金入りの体力で精力的に動きまわった。

彼らは滞在中3度も辺野古の座りこみに参加。当初は高齢であることや、拘束されて帰国できない状況は避けるべきという受け入れ側の配慮で、そばで見ていることになっていたのだが、いざゲート前に行くやガチで座りこみ、機動隊も困惑の表情。やがて「元米兵も運べ！」の指示があったのだろう。いっせいに黄色いジャンパーの退役軍人たちを排除しはじめた。

そのなかのお一人は、かつてこのキャンプ・シュワブに勤務した経験をもつという。島袋文子おばあがハウスメイドとして働いていたころだ。それがいま二人そろってゲート前に座りこみ、基地建設を止めようとしている。なんというドラマだろう。

１９４５年、アメリカ軍兵士が火炎放射器で、15歳の少女だったおばあの半身を焼いた。しかし10年後、生計を立てるために、おばあは憎いアメリカ兵の洗濯や掃除を歯を食いしばってやった。ベトナム戦争時代の兵士は、ここで何を見て、その後どういう人生を送ったのか。いまはアメリカの軍事戦略が、海外の基地が、どれほど他国を傷つけているかを自覚し、勇気をもって抗議している。そのことで、やっとおばあと同じ方向を見て、ともに沖縄で手をつなぎあう瞬間が来たのだ。こんな日が来るのだ、と感嘆せずにはいられない。

元軍人が、軍という巨大な組織に刃向かうのは相当な勇気がいることだろう。でも元軍人だからこそ、アメリカ国内では平和についての発言に説得力があるのだという。今回は辺野古だけでなく高江、普天間基地の抗議にも参加し、記者会見にシンポジウムにと貪欲に動きまわった彼らは、行く先々で沖縄県民の絶大な歓迎を受けた。こんなに頼もしい仲間がアメリカにいる。強力な助っ人が彗星のごとくあらわれた喜びを噛みしめられるのも、18年の粘りが引き出した奇跡だ。

オール沖縄は日本政府の横暴と闘う。しかし、「辺野古白紙撤回」は、どこからもたらされるかわからない。今後の彼らの発信が、アメリカの世論を動かすきっかけになれば。そう願わずにはいられない。

13

死者の声を聞く　この島で生きるということ

2016年1月6日

辺野古のゲート前闘争が始まってから二度目の正月を迎えた。前回の正月は、なんといっても歴史的な知事選の勝利に加え、辺野古基地建設「反対」から「推進」に転じた自民党議員を全員選挙区で落選させた衆議院選挙の直後だっただけに、座りこみテントは大晦日からどんちゃん騒ぎだった。みんな口々に「いい正月！」と勝利を確かめあった。

「いい正月」という言葉はもちろん、その前年の暮れに政府の懐柔策に乗って埋め立てを承認した前知事が「これでいい正月が迎えられる」と言って県民を唖然とさせた、あのフレーズへのリベンジである。しかし、あれからの一年。ふたつの選挙の完全勝利もなかったことのように、政府は辺野古の基地建設を加速させた。去年の終わりには、翁長知事の「埋め立て承認撤回」を無効にする裁判まで国が提起した。県も抗告裁判で国を相手取って司法の判断を仰ぐ。県は国と全面対決する覚悟だが、ボーリング調査もほぼ終わり、いよいよ実質上の埋め立て開始もカウントダウン状態に入った。

そんな年越しで、現場はどんなに厳しい表情で新たな年を迎えるのかと思いきや、明けてみれば去年の3倍近くの人が辺野古の浜に押し寄せていた。みんなの表情は底抜けに明るい。鮮やかな衣装に金の扇で舞う「かぎやで風」の人数も去年より格段に増えた。そこに真っ赤な初日の出。朝日を浴びた踊り手の誇らしげな表情。

政府が容赦なく北風を強めれば強めるほど、より多くの県民が輪に加わり、より強い力で腕を組もうとする。向かい風が強く、道が険しいからこそ体力がついた。それでも負けなかったことを喜びあうことがエネルギー源になった。なんのことはない。シンプルにいえば、現場はパワーアップしたのだ。

辺野古の浜は東に開けているので初日の出の人気スポットだが、700人もの人が元旦の辺野古の海岸を埋めつくしたのは、おそらくはじめてだろう。ラインダンスで全員手をつなぎながら輪を拡げていったら、波打ち際まで来てしまった。初日の出が拝めたのもここ数年なかったことだった。なんとも幸先のいいスタートになった。

気になったことといえば、初日の出を拝む神事のときに、祝詞を上げてくださった方の横で文子おばあの顔色がみるみる悪くなっていったこと。またなにか普通の人には見えないものが見えたのだろうか？　と私はとても心配になった。

また、というのは、数年前のまさに同じ初日の出の神事の際に、おばあの前に突然大きな龍があらわれ、辺野古上空に去っていったのを見たと言っていたからだ。そして、龍の頭の上に文子さん自身が、あぐらをかいて白い着物をつけて乗っているようすがはっきり見え、怖くなったと話してくれた。白い着物というのは、沖縄の村々で神事に携わる女性が身につけるもの。文子さんはもともとシャーマンの素質のある女性だった。若いころから不思議な体験をたくさんされてきたようだが、いくら自分にしか見えないとはいえ、龍を従えて天に昇っていく自分の姿が辺野古の浜にあらわれたのだから、それは度肝を抜かれたことだろう。それ以来、浜には近づいていなかった文子さんだが、顔をしかめ、服で半分顔を隠していたので、私たちも一瞬青ざめてしまった。

あとで聞くと、神事が始まって間もなく、焚いてもいないお線香の臭いがしてきて、「この臭いは嗅いではいけない」と本能的に思い、服で顔を覆って目をつぶって凌《しの》いでいたそうだ。お線香の臭いというのは死者の登場をあらわす。私も一応シャーマニズムの研究者のはしくれとして、大学で民俗学の講義をもって12年になる。ユタやツカサなど霊的な能力が秀でている女性たちは、神霊の姿を見たり、その声を聞いたりするわけだが、見る・聞くだけではなく、臭いがしたり、悪寒やしびれ、寒くなったり発汗したり、五感を使ってその存在を認識するとされている。

臭いで言えば、たとえば白粉の臭いがしたら不幸な遊女の霊が来ていたり、食べものの腐った臭いで悪霊が通過したことを知ったり、お線香の香りは死んだ人たちの存在を知らせるものだといわれている。もちろん、普通の人には見えないし臭いもしないのだが、敏感な人がその場に複数いて同時にそれを確認したという話はよく聞くところだ。ただ、その存在に気づいた数少ない人間に対し、霊的な存在がなんらかの助けを求めてくると厄介なことになるので、文子さんはあえて顔を覆って臭いにも気づかない、何も見えないというかたちでガードしたのだろう。

急に怪しい話になってきた、と思う方もいるかもしれない。が、しかし、私はなにも幽霊や龍が沖縄にいますなどということを言っているのではなく、この島の人々が、目に見えない世界をどう具体的に理解しているのか、どんな神の観念や霊魂観、他界観を共有しているのかを理解するのが民俗学だから、データを紹介しているだけだ。

実際に今年も沖縄の大学生140人のクラスでアンケートをとったところ、「マブイグミ（魂込め）」つまり魂《マブイ》を本人のところに戻してあげるという、沖縄ではポピュラーな儀式についてそれをしてもらったり、してあげたりした経験が「ある」という人が7割以上いるのだ。島の言葉もほとんど喋れない18や20歳の若者でも、幼いころ祖母や母にマブイグミをしてもらった経験は多くがもっている。また、成長して友達が事故にあったらその場でマブイグミをしたなど、人の魂をあるべき場所に戻すという儀式は、ごく一般的に沖縄社会のなかに息づいている。

魂は不安定で、驚いたりくしゃみをしたりしたタイミングで飛び出してしまう。そういう感覚を、いまも共同体のなかで共有しあっているからこそ、招かれざる死者の魂が、見えないけれどこの世に跋扈《ばっこ》しているというとらえ方も決して特殊ではない。

実際に「戦場ぬ止み」のワンシーンにもなった文子おばあとの南部での撮影で、戦争中に友達のお母さんの遺体を埋めたという場所に来たとき、おばあは急に頭を振り「だめだ！」と言った。まったく違う死者の霊が出てきたと言って、生唾を吐いて苦しそうにしていた。きつい体験をした場所に来るだけでも大変なのに、霊的な能力のおかげで死者の姿まで見なければならない。それは裏を返せば、おばあにとって死んだ人の存在は過去でも無でもない。つねにその方々の声や気配を感じるなかに日常があるということだ。毎年、旧盆には自宅に戻ってくるご先祖様のためにご馳走を作り、浮かばれない霊のためにエイサーを奉納する。そういう肌感覚で生活してきたからこそ、ヒロジさんもお盆のときに沖縄の警察官に対して、こんなふうに訴えていたのだろう。

「うやふぁーふじが泣ちょーんどー！（ご先祖様が泣いているぞ）」

「先祖の土地を金に換えて、基地を造ったのは私です、と自分の子や孫に言えるのか？　今夜、仏壇の前でご先祖様に合わせる顔があるのか、バカタレ！」

沖縄で育った若者なら、この言葉はこたえるはずだ。人間は自分が生まれてから死ぬまでの短い期間、単体として存在するのではなくて、先祖から受け継いだものの上に生き、また子孫に宝を残してこそ生きた甲斐がある。だから、いい加減なことをすれば死者は死後も黙っていないで文句を言うだろうし、未来の子孫も自分を責めるだろう。そうやって死者の声を聞くこの島で、目に見えないものへの畏怖や畏敬の念が社会規範をつくりあげてきた。

なにがなんでも基地を造ると、権力をむき出しにしてくる政府を前にしても諦めず、揺らぐことなく前を向いていられる秘訣は、なにも歌や踊りや楽天的な性格ばかりではない。先祖に対する感謝と、バトンを受け取った責任、子孫への慈しみと最低限の義務を果たすこと。それが生きる意味であり喜びなのだから、だから強いのだ。自分の使命が明確にわかっている人間は、たとえそれが困難な道であっても揺るがないものだ。

沖縄戦で生き残ってしまったことの意味を考えつづけた文子おばあ。ゲートの正面に立ちはだかる彼女の背中を押しているのは、たくさんの死者たちなのかもしれない。そして、生きるとは過去を背負い、未来へつなぐことだから、そういうものなのだと受けて立つ構えの人々が、おばあだけでなく、たくさんいるのが沖縄の強さなのかもしれない。

14

僕たちはまだ民主主義を手放してはいない
2016年1月13日
──SEALDs琉球、本領発揮

2014年春、東京で学生をしている沖縄出身の青年、元山仁士郎くんから、私の携帯にダイレクトメッセージが来た。いまはFacebookがあるので、個人のメールアドレスを知らなくても直接メッセージを送ることができる。だから紹介がなくても知らない人からさまざまな依頼が舞いこむようになった。いきなり長いメッセージを送ってきた元山くんもそのひとりだった。

「学生団体で『標的の村』を上映したい。学生だから資金がないので、なんとかしてもらえないか」。学生が政治問題に関心をもって議論し、行動する必要があるという彼らの団体の趣旨が述べられ、また自分が普天間基地を抱える宜野湾市の出身であるとも書かれていた。並々ならぬ熱意や誠意も感じたが、多少の甘えも感じた。私はこう返信した。

「事情を話して配給会社と交渉してみてください。でも、他の大学の学生たちもなんとか規定の料金を捻出するためにがんばって上映にこぎつけているので、ふたつの料金を作るわけにはいかない。

あまり期待しないでください」

配給会社の東風からも、やけに押しが強い沖縄の青年から交渉があったがどうしましょう、と苦笑しながら相談があった。なんとか折り合いはついて、上映会は実現した。

その日、私はたまたま東京にいたので、トークも引き受けて彼の大学に行った。電話でしか知らなかった元山くんというのは、意外に背が高く、思いっきり眉毛が太くて意志が強そうな青年だった。一方で、携帯を見ながら人と話すようなドライな感じと、大人を舐《な》めているともとれる感じが言葉の端々にうかがえる、いま風な学生でもあった。私は彼に、とにかく辺野古も高江も自分の目で見たほうがいいと勧めた。

2014年の真夏。辺野古のゲート前で連日、熱中症と闘いながら撮影をしていると、彼がゲートにやってきた。「ようやく来たね」。少し嬉しくなってインタビューをすると、彼はカメラに向かってこんなことを言った。

「リーダーの山城さん、ですか。こんなやり方、若い人は誰もついてこないっスよ。悪いけど、わっしょいわっしょいとか、宗教みたいじゃないですか」

この言葉にはカチンと来た。そのころはまだヒロジさんのやり方はいまほど浸透していなかった。撮影スタッフの身内からも、この旧態依然とした闘争スタイルは映画の観客に受けないのでは、という意見も出ていて、私の目には魅力あふれるヒロジさんの人間性をどう表現したらいいのか、私自身がナーバスになっていた時期でもあった。ヒロジさんを魅力的に描けなければ、この映画は成立しない。悶々としていただけに、ちょっと感情的に応じてしまった。

「ここで見て、あのやり方は古いとか言って帰る若い人はたくさんいる。誰でも言えるよね、そんなこと。じゃあ、あなただったらどうやるの？」

「……たとえば、ですね。アルソック（警備員）がいるじゃないですか。彼らのＣＭをパロッて……。1、2、3、4、アルソック‼ って行進するんですよ」

「……。それ、おもしろい？」

「だめ……すかねえ」

「わかんないけど、そんなにみんながかっこいいと言う方法があるんだったら、自分でやればいいじゃん」

「わかりました。やります。絶対、かっこいいと思うのをやりますよ」

この会話は「戦場ぬ止み」本編ではカットされているが、編集中の4時間バージョンくらいまで残っていた。でもその後、実際に彼らはＳＡＳＰＬ（特定秘密保護法に反対する学生有志の会）を本格稼働させ、サウンドカーを先頭に渋谷の街をコールしながら歩く、独自のスタイルのデモをつくりあげていく。サウンドデモ自体は脱原発運動を通じて定着しつつあったが、民主主義を真正面から問う直球の迫力に、私はネット映像を見て身震いがした。素直すぎるほどの問題提起と、自分たちの見え方にこだわる計算と、沿道を巻きこむノリ。涙ぐむ大人たち。憧れの目を向ける女子高校生。彼らのパフォーマンスと感染力、すべてが新鮮だった。

「やったな」。私は降参した。ちょっと生意気な元山くんは有言実行の人だった。私は沖縄国際大学の講義のなかで学生にSASPLの動画を紹介し、絶対見るようにと言い、中心人物に宜野湾出身の学生がいることを、自分の弟のことのように自慢した。

SASPLが解散後ex-SASPLになり、安保法制に反対するSEALDs《シールズ》(自由と民主主義のための学生緊急行動)になってからのことは、もうここに書くまでもない。そして安保法が成立すると、各地で名乗りを上げたSEALDsの熱狂や活動も取りざたされなくなってきた。しかし沖縄で活動する「SEALDs琉球」だけは違う。元山くんたちSEALDs琉球は、言ってみればこれからが正念場だ。安保法や集団的自衛権がこの国にもたらす危機と、辺野古の基地建設は一体だし、彼らはそのことをよく知っている。彼らだけは、ここに向き合わないわけにはいかない。

辺野古の埋め立てを止める最後のチャンスと注目される宜野湾市長選挙。現職の市長が通れば「オール沖縄」が崩れたと、政府はなりふり構わず強硬姿勢で来るだろう。1月24日投開票のこの市長選を、絶対に負けられない闘いと位置づけたSEALDs琉球のメンバーは、辺野古移設による普天間問題の解決に反対する新人候補の応援に立った。

普天間　いらない
辺野古も　いらない
僕らの未来に　基地はいらない

僕らの未来に　基地はいらない
言うこと聞かせる番だ　宜野湾が
言うこと聞かせる番だ　宜野湾が
言うこと聞かせる番だ　沖縄が！

そう叫んでいるのは、名桜大学に通う玉城愛さん。彼女も大学で「標的の村」の上映会に取り組んでくれた縁で、やがて辺野古にも来てくれるようになった。一昨年、海上作業が始まったあと辺野古の浜でおこなわれた県民大会で、学生代表として挨拶した愛ちゃんは、ミニスカートをはき、緊張で声が震えているような女の子だった。でも去年1月、夜中の資材搬入をめぐる大混乱のなかで、ゲート前でたったひとり県警に向かって必死に叫びつづけている愛ちゃんの姿があった。

「みなさんは何のためにここに立っているのでしょうか。沖縄県民を守るために警察官になったのなら、私たちを守ってください。言うことを聞かせるだけではなくて、私たちの声にも耳を傾けてください。お願いします！」

強くなった。なにかが彼女のなかで、めきめきと音を立てて成長しているようだった。やがて安保法反対で盛り上がる国会の前で、沖縄の青年代表としてスピーチする愛ちゃんの姿がネットで大拡散されていた。私は見逃していたのだが、国会前にいた友人が、「こんなに胸を打つスピーチを聞いたのははじめてだった」と、沖縄の女子学生の活躍を教えてくれた。

オスプレイこわい！
ジェット機こわい！
だって落ちるじゃん！
だって落ちたじゃん！

ほんとうはとっくに、沖縄の若者はそう叫びたかったのだ。そういうスタイルがなかっただけなんだ。この日のコールを聞いていて、しみじみそう思った。

子どもっぽいとか、どうでもいい。18歳が選挙権をもつ意味は、「大人ぶってて言えないこと」や「大人の事情で黙殺すること」なんかが病んだ世の中をつくったんだと一蹴し、自分たちの未来のために、「ガチで思うこと」に一票を行使してもらうためではないのか。

かき消されずに　授業を受けたい
かき消されずに　授業を受けたい
かき消されずに　テレビを見たい
かき消されずに　話がしたい！

このコールは元山くんの身体から搾り出した言葉だった。普天間高校で野球に明け暮れていた元山くんは、基地の騒音で授業が中断され、試合が中断され、友との会話が中断される日常に鈍感になっていた。その異常さに、東京に出てから気づいたという。

隣で暮らす米兵の親子とゴールデンレトリバー。気さくなアメリカ人と友達になりたいとは思っても、嫌いだと思ったことはなかった。騒音や事件・事故のたびに心は曇ったが、基地を否定することは、彼らやそこに働く県民を否定するように思えた。戦争はいけないけれど、隣にある基地とそれがどうつながっているのかわからなかった。でも、いまは違う。自分のためにも、島の未来のためにも、米兵の命の尊厳のためにも声を上げようと思った元山くん。この日の街宣の最後はこう締めくくった。

宜野湾 Democracy!
Our future!
Our choice!

アピールでも、パフォーマンスでもなく、実態と実感をともなった叫びだった。
自分たちの選択。その先に未来がある。いろんなことがおかしくなっているけれど、私たちはまだ、民主主義を手放してはいない。

15

2016年1月20日
最後の砦を守る人々

沖縄の1月は寒い。太陽が出ない。雨が降ると風が強くなり、体感温度はとても低くなる。どこか常夏の島に行きたい、とさえ思う。風と雨のなかで、辺野古阻止行動の現場は体力も気力も限界を迎えている。

普天間基地を抱える宜野湾市の市長選挙の真っただ中。現職の佐喜真市長は、選挙戦のなかでは「普天間閉鎖」としか言わないが、それは辺野古への移設を容認した上の主張であることは誰でも知っている。だからこそ対抗馬の新人、志村氏がそれに打ち勝たなければならなかった。負ければ、オール沖縄で辺野古に反対しているという構図が崩れたと、政府は鬼の首を取ったように強硬に辺野古の埋め立てに入るだろう。初日から自民党の大物政治家が投入され、またも小さな島の市長選とは不釣り合いな、政権の意地をかけた選挙になった。

誰が市長になるかで、翁長知事を支える体制を沖縄が維持できるかどうかを試す。これは何重にもおかしい。こんないびつな選挙を何度、沖縄県民は越えなければならないのか。宜野湾市民が可哀想だし悔しい。それでも、辺野古の基地建設を止める最後の分水嶺になるという覚悟の上で、現場からも毎日選挙応援に人を送りこんでいる。早朝、辺野古でダンプを止めて、その足で宜野湾に向かう人も多い。

かといって、選挙が迫っても辺野古のゲートに押し寄せる資材も機動隊もいっこうに減らない。選挙戦に影響するからと少し手が緩むかと期待したが、逆にこれまでの遅れを取り戻すかのように、年が明けて投入される物量が増えた。早朝1回で終わっていた資材の搬入が2回、3回と午後まで続くようになり、現場の疲労は激しい。

毎週水曜日は「水曜行動」といって、県内市町村や県議会から来た議員たちが座りこむ日になっている。この数カ月、水曜日は早朝から人数が300人を超えているので機動隊も手を出さない。その結果、毎週水曜はほぼ作業がおこなわれない日になっている。現状で週に1回は阻止できているわけだから、特別行動の日を週に2日、3日と増やして止めていけば工事は難しくなる。ヒロジさんの提案で、今週からは「木曜行動」と銘打ち、島ぐるみのバスを調整し、毎週木曜日にも早朝から人数を揃えることにした。

アメリカ軍基地の朝は早い。阻止行動などなくても、暗いうちから軍用車両は演習に向かい、基地従業員は出勤する。基地を止めたい人たちも、本島の各地から5時台に続々と集まってくる。

悪性リンパ腫末期からの壮絶な闘病生活を経て闘争現場に戻ったヒロジさんは、何度も激しく資材搬入を強行されてしまった先週の木曜午後、テントで倒れた。冷たい風と雨が続くなかで風邪をこじらせたといってしばらく休んだが、自分で提案した木曜行動が功を奏するかどうか、居ても立ってもいられなかったのだろう。この日は朝から、いつにもまして鬼気迫る気迫で現場に立っていた。

まだ真っ暗のなか、6時すぎに人数を数えると320人。水曜行動も上まわる数だ。上々だ。この人数を相手に、警視庁の機動隊をけしかければ大混乱になる。完全に阻止した昨日に続いて今日も手出しはできまい。われわれの勝ちだ。そうヒロジさんは言いたかった。毎朝、闇のなかで座りはじめる文子おばあも、今日は止めるよ、と笑顔を見せていた。が、続々とやってくる警察車両の列。ヒロジさんは「大衝突になるぞ。本気なのか？」と警察幹部に何度もかけあった。しかし、上層部の決断は「今日は引くな」だったようだ。

冬の沖縄の灰色の空の下で毎日何がおこなわれているか、動画レポート[*1]をとくと見てほしい。地元のニュースでも「昨日は370人集まり、高齢女性一人が救急車で搬送」「男性一人の勾留が続いている」という情報が出るか出ないかであるが、1997年から身体を張って止めてきた基地建設の現場で毎日何が起きているのか、沖縄まで来られないなら、せめて13分間見てほしいのだ。

＊1　「三上智恵の沖縄〈辺野古・高江〉撮影日記」第32回　http://www.magazine9.jp/article/mikami/25329/

みなさんには見えるだろうか。私たちはいま日本の民主主義と平和を守る最前線にいる。私たちが止めているのは、ひとつの公共工事ではない。迷惑施設を嫌がっているだけでもない。憲法も民主主義も地方自治もないがしろにしながら暴走する安倍政権が、私たち日本国民をどんな暗黒の世界に引きこもうとしているのか、それが他県の人たちよりも明確に見えているから踏ん張っているのだ。

優しい沖縄県民は決してこんな言い方はしないが、私はあえて言おう。毎日ケータイでゲームをして、テレビでは芸能人が遊んでいる番組しか見ない、投票にも行かず、国策で誰かの人権を著しく奪い苦しめている現状を見ようともしないで、加害者になっている意識をもつこともない国民が増えたから、この国は崖っぷちまで悪化した。この国に生きる人が主体的に思考せずに、単に権力に怯《おび》え、武器に怯え、貧困に怯え、ヘイトでガス抜きするだけでやりすごした結果、他国民の命も自国民の命も守れないと絶望する運命に向かっている現状を、この沖縄で止めているのだ。

安保法制に反対して国会前まで行ったものの、法案が成立し無力感にとらわれたままの人もいるだろう。原発事故の被害から救済されず、政治活動どころではない被災者もまだ数多くいるだろう。身近なパワハラやマタハラに接しても、どう動いていいかわからず悶々としている人も、格差社会、弱者切り捨て社会に切りこむよりも勝ち組に滑りこむ手段を必死に探るほうが利口だと決めた人もいるかもしれない。いまは動けない人が大勢いるだろう。もちろん沖縄にも、まだ立ち上がっていない人はたくさんいる。でもその人たちも含め、やがては一緒に政治の暴走と闘ってくれるだろうという希望を胸に、辺野古に来る人たちは、みなさんの分まで引き受けて闘っているのだ。

オール沖縄が潰されるということは、日本の国の中で、国民主権を取り戻す最後の砦が潰されるということだと気づいているだろうか。まだ気づいていない人たちのためにも、まだ引き返せる砦を包囲して、自分たちが闘うしかないとわかっているから、ゲート前の人々は、全国から派遣されてくる機動隊に向きあって一歩も退かない。地域エゴやイデオロギーの問題だとすり替えて鼻で笑おうとしている、勇気のないあなたの人権もかけて、市民の力、国民の力をこれ以上削がれないために立ちつづけている。

「敢然と座りこめば工事は止められる！　機動隊も手出しはできない！　そういう闘いを構築し、全国に発信したいと思います。そのことによって、さらに多くの人たちが奮い立ってこのゲート前に結集してくれることでありましょう！」ヒロジさんは朝一番でそう檄《げき》を飛ばした。

この社会はおかしいと思う全国の仲間が奮い立って沖縄に力を貸し、歪んだ政治をただすためにともに歩んでくれる日は近い。今日は300人でも、来月は500人、1000人になるだろう。そうすれば政府は暴走できないのだ。この言葉をヒロジさんから何年聞かされてきただろうか。高江でも、普天間でも、辺野古でも、ずっと聞いてきた。毎回、よし、そうだ！　と希望を再燃させて苛酷な運命にも向きあおうと思い直す。でも最近、ヒロジさんの言葉のなかに「全国の人に届けたい」「全国の仲間が奮い立って」「全国民が許すわけがない」というフレーズが増えた。頼もしい言葉とは裏腹に、事態が逼迫《ひっぱく》しているのだと私は胸がキリキリする。

恩着せがましいことも悲観的なことも言わない、尊敬する沖縄のリーダーたち。私にたくさんの勇気と希望と闘う楽しさと、過去と未来をつなげて地球を考える宇宙観を教えてくれた、この島の人たち。私はあなたたちを心の底から尊敬します。ともにありたいし、そうしようともがいている自分の人生を上等だと思っています。でも、やっぱりへなちょこだから怖いです。弱音も、恩着せがましいことも言いたい自分がいます。

この選挙が終わったら、埋め立ててしまうでしょう？

全国の人は、本当に大挙して来てくれるの？

20年やった。いつまでがんばれば終わるの？

土砂が投下される日々が始まっても、諦めないで通えるかな？

「三上さんがそんな泣き言を言ったら終わりだよ」と言われるのがわかっているから、現場では言わない。でも、私のような悲観的なへなちょこがいるから、彼らの凄さが伝えられるんだとも思う。そうやって自分の存在意義を自分で肯定しながら現場に通うしかない。そんな弱虫の私がいま、力のない言葉で表現するとしたらこんなもんだ。

「崖っぷちです。沖縄が潰されたあとに何が待っているかを考えて、動いてください」

安っぽい。やはり、映像を撮って伝えるほうが私には向いているのかもしれない。

16

2016年2月3日

「宜野湾市長選挙でがんばりすぎた友人への手紙」

あーちゃん
せつない
せつなすぎるね
やってられないよね
普天間の負担は重すぎる
70年も、長すぎる
みんな、誰もが、今度こそ終わらせようと思ったんだ
毎日大型ヘリの下でびくびくしながら暮らす
そんな運命を子どもたちに丸投げできないって
現職候補に投票した宜野湾市民も

新人候補に投票した宜野湾市民も
何をしても変わらないと諦めて棄権した人でさえも
今回はその思いは一緒だったはず
宜野湾市で子育てをするあーちゃんも
この前まで政治活動なんて全然無縁だったのに
今回は幼い息子を抱えながらも必死で
「ママたちの会」を立ちあげて
横断幕・ビラ配り・街宣・ウグイス
志村候補との「シムランチ」とか
山本太郎さんとの勉強会とか
企画も運営も、できることは何でもやっていた
軽やかに飛びまわっていた
投票から一週間経つけど
「あれから牛のように身体が重くて動けない」というあーちゃん
無理もないよ
燃え尽き症候群なんて言葉
まさにこんなときにぴったりだよね

あんなにがんばったあとだからさ
新しい沖縄をめざしていた、あの激動の日々の
それなのに、自公が推す現職が大勝利した上
「実態はオール沖縄ではない」なんて
得意げに菅官房長官に言われてさ
ほんとにやってられないよね
「辺野古移設に弾みがつく」なんて、冗談じゃない
現職候補は終始「普天間基地をなくす」とだけ強調した
「県内移設やむなし」とも「辺野古容認」とも
まったく言ってないんだから
一刻も早く普天間を返還してほしいという気持ちは
両候補、全宜野湾市民、全県民、みんな一緒だった
その一点ではまさに「オール沖縄」なのにね
ではどうやってなくすか？
A　政府にすり寄って、頼み倒してなくす
B　正面からぶつかって、基地押しつけの国策を変えてもらう
どっちが早いの？

どっちが正しいの？
でも、正しいほうは、動かなかったじゃない20年も
正しいほうは、しんどいじゃない
闘うなんて、もうたくさん
この子どもたちの未来のために
少しずつでも返してもらおうよ
このまま永久にあるなんて、頭がおかしくなりそう
結局、宜野湾だけが我慢することになりそう
そう思ったお母さんたちがいても
あたりまえだよね
だいたい、もううんざりだし
辺野古に造っていいとはまったく思わないけど
そこまで宜野湾市民が考えること？
「いらない」だけ言ってもいいんじゃないの？
反対運動の舞台にされつづけるのは疲れたよ
選挙のたびに全国から知らない人がたくさん入ってきて
私たちの宜野湾市って、あなたたちのなに？

イラついちゃうよね
でもそういう人たちにも、あーちゃんは丁寧に、丁寧に説明をしていた
未来の希望を語って歩いていた
あなたは言った
「20年翻弄され、待たされた私たち宜野湾市民。
そして住民投票をして基地を拒否したはずなのに、
それから20年苦しみつづけた名護市民。
こういうかたちで県民を二分する政治ってどうなんだろう?
今度こそ新しい沖縄をつくろうと思ったんです。
宜野湾市民と名護市民が同じ気持ちになったら、
今度こそこの問題を終わらせられると思うから」
でも、毎回重いよね　ひとつの市の選挙で問うテーマじゃないですね、と言うと
「ほんとうに重い。重すぎる。
でも、沖縄県知事って全国一大変な知事だと思う。
日本政府に物申して、アメリカにも物申して、身体を張って。
私たち沖縄県民が支えないと、とてもじゃないけどね。
だからこの島に住む人たちの宿命かな。

民主主義を諦めないというのが」
あーちゃん
諦めないと言ってたけど、へこたれるよね
雑草のように、って言っても起き上がれないときもある
落選したあとの事務所っていたたまれないよね
でも、みんなが足早に帰っていくそのなかで
ＳＥＡＬＤｓの愛ちゃん、見てくれた？
そこで踏ん張って、涙目で、やり場のない思いを話してくれたよ
「悔しい。腹立たしい気持ちもある。
宜野湾市民に問いたいのは、〝宜野湾が一番〟でいいのか。
それだけでいいのか。
もちろん、宜野湾市民の選挙なんですが、
どんな意味をもっていたのか。
これで沖縄がどういう雰囲気になっていくのか」
なんてまっすぐなんだろう
同じく基地を抱えるうるま市に育ち　ジェット機が落ちた宮森小学校に通い
名護市の大学で学ぶ愛ちゃんの、この選挙にかけた思い

同じ世代を揺り起こそうと仲間と走ってた姿を見てるからこそ
ストレートないらだちが胸に刺さるね
私たちミドルズが、疲れてる場合じゃないって思える
でもやっぱりいちばん胸に刺さったのは
肩を落としたヒロジさんの姿だったよ
ビデオの中では、みんなを鼓舞しているけど
暗闇のなか仮眠テントに向かうヒロジさんは
疲労感が激しくて、誰も声もかけられなかったって
それでも「いちばんショックを受けているのは宜野湾の仲間たちだ」と言っていたよ
あーちゃんたちのことだよ
あれだけ宜野湾市民としての責任を感じて走りまわって
この結果だったら、どれだけ立ち直れないだろうと
現場が落ちこんでる場合じゃないと
とても心配していたよ
いつも、まわりが救われるような言葉を言ってくれるリーダーだよね
そして「宜野湾市民の痛ましい思い」という言葉を使ってた
なぜ宜野湾だけが70年も背負うんだという

宜野湾市民のいらだち
それは沖縄だけがなんで70年も、と全国にいらだつのと同じ構図
かといって、同じ県民に
「宜野湾の重荷を名護市民がしばらくは担いでくれ」という話に
なるのかならないのか
ヒロジさんはそう問いかけた
ヒロジさんも愛ちゃんと同じうるま市で生まれ
基地だらけの沖縄本島中部で育った青年時代に
学校を退学になるまで反戦平和運動をやってきた
前に、あーちゃんのお父さんもがんばった人だったと話してくれたよね
学生運動にのめりこんで　渡航証まで取り上げられても復帰を望んだ
なのに、求めていた民主主義も憲法も与えられなかった
あの復帰運動は何だったのだろう、とお父さんは疲れてしまったんだと
そして今回は、あーちゃんも少し疲れちゃったんだよね
でもさ、あーちゃん
はじめて辺野古のゲートに来たその日
その場でひとりでトラックの前に寝転んだあなたを見たとき

お父さんの血だな、と思ったよ　びっくりした
すごい勇気、というか
勇気だけではできない、なにかを感じたよ
お父さんの理想も、挫折も、流した汗も涙も
マグマとなって娘の中に脈々と受け継がれていくんだね
いままで休火山だっただけなんだね、あーちゃん
おばあや
お父さんや
ヒロジさん
そして私たち母親世代
その次に母親になっていく愛ちゃんたち
そのなかに脈々と流れてきたエネルギー
誰かが疲れても　休んでも
たくさんの命を経由してきたマグマは
いつかは島を覆う暗雲を吹き飛ばし
命を軽んじる人間の業を
焼きつくすのだろう

そんな大きな大きな流れのなかで見たら
たった1回の選挙だよ、あーちゃん
これからどれだけ「負けられない選挙」が待ち受けてるか
沖縄だよ　宿命でしょ？
選挙があったからこそ、ママたちの声を街角で叫べた
届いた人、心動いた人、たーくさん、いたと思う
「いい試練が与えられました」とヒロジさんは表現した
さすがだねえ、年季が違うね
私たちも白髪になっても
「一喜一憂しない」「これは試練です」なんて
さらっと言えるおばあになりたいね
かっこいいさ！
まだ道のりは長い　確実に近づいてはいるけど（汗）
あーちゃんに、少しでも早く元気になってほしい
笑顔のあなたに会いたい
みんな、心配しています

みかみちえより

17

２０１６年２月17日

命《ぬち》限《かじ》り
――沖縄県知事が被告として法廷で語った２００分

２０１６年２月15日午後２時。福岡高裁那覇支部で辺野古の埋め立てをめぐる「代執行裁判」の第４回口頭弁論が開かれた。埋め立て許可を取り消した沖縄県知事を被告にして国が始めた裁判だ。弱い者が強い者を訴えるならわかるが、戦後70年間も基地を押しつけてきた側が沖縄に対して、さらに引き受けないことに怒り、司法の力まで借りて屈服させようとしている。諸外国から見たら理解しがたい構図ではないだろうか。私は地元紙に傍聴記を書くために、法廷で一部始終を見届けた。

裁判官に向かって左手、国側の弁護団は総勢20人弱。20分前に着席完了、私語いっさいなし。右手、沖縄県側は23人、ぎゅうぎゅうに詰めて３列に座る。翁長知事はピンと背筋を伸ばして、口を一文字にして開廷を待つ。緊張のなかに静かなエネルギーが漲《みなぎ》っているのを感じる。

２０１号法廷は那覇の裁判所の中でも大きい部屋だというが、高校の教室ほどの広さしかない。傍聴席は記者を入れても48席、これをめぐって３８０人が抽選に並んだ。裁判官と係官も合わせて約100人が、法廷という名の狭い部屋に膝をつきあわせ、異様な濃い空気が充満している。

右半分からは、沖縄の歴史と尊厳をかけた負けられない闘いに臨む熱気がびんびん伝わってくる。が、左半分に座る国側の人々は一様にポーカーフェイス。冷静なのか冷たいのか、空気もひんやりしている。左側の空間が水色なら、知事のいる右側は熱気でオレンジ色。四角い部屋の空気は縦に真っぷたつに分かれている。その真ん中でせめぎあっている目に見えないラインこそが、この国の民主主義と地方自治を取り戻す闘いの最前線なのだ。こんな小さな空間から、国家の根幹に巣くう闇を照らす法を引き出していかなければならない。

被告である翁長知事は証人台に移動。まず全員起立して「良心に従って真実を述べる」旨の宣誓を要求される。紺のスーツに深紅のネクタイを締めた知事は、用意されたグラスに水を注ぎ、ひと口を口に含んだ。予定ではこれから1時間半、被告・原告双方からの質問に、資料などいっさいなしで答えるのだ。緊張しないわけがない。

県側弁護団からの最初の質問は、「知事選に立候補するに至ったいきさつ」だった。以下は私が法廷で取ったメモを参考に、極力質問と答えの趣旨を正確に再現するつもりで書くが、あくまで私の聞き取り能力の範囲であることはご容赦願いたい。

翁長知事「昭和25年、保守の政治家の家に生まれました。幼いころから基地をめぐって保革が対立し、大人たちが罵《のの》しりあいながら生きてきたのを見ていました。保守は革新の言い分を理想論だと切り捨て、革新は金で命を売るのかと保守に迫る。本来、沖縄県民が望んで持ってきたわけではないのに、その基地をめぐって県民どうしが争うわけです。いつしか、それを誰かが上から見ていて笑っているのではないかと思うようになりました。父が（のちに那覇市と合併する真和志市の）市長だったので、将来市長になりたいと考えたときにも、県民の心をひとつにしたいという思いはずっとありました」

（Q）稲嶺県政（1998年～2006年）のときには、辺野古移設をいったんは受け入れていたのでは？

「当時は自民党県連の幹部でした。苦渋の思いで、軍民共用空港にすることと、使用期限をつけることで稲嶺知事を支え、当時の岸本名護市長も条件をつけて容認して政府に協力する姿勢を取っていましたが、平成18年に米軍再編の話が進み、一方的な閣議決定で条件も含め白紙になってしまった。いったい何だったのだろうと、政府のやることに徐々に批判的になっていきました。

この問題の当初、政府には野中（広務）さんや小渕（恵三）さんといった、戦中戦後の沖縄に思いを寄せてくださる政治家がいました。中曽根政権の官房長官を務めた後藤田（正晴）さんは『俺は沖縄には行かないんだ』と話しました。『どうしてですか？』と言うと、『県民が可哀想でな……直視できないんだよ』とおっしゃった。胸が熱くなりました。私たちの思いに応えようとしていた方々もいたのです。

那覇市長の時代に、民主党政権が県外移設をかかげて誕生しました。鳩山総理がそれをやってくれるならと大いに期待しましたが、1年足らずで元に戻ってしまった。県内に造らないためには、沖縄県としてはもう○○党なんて言っていられない。解決するにはオール沖縄しかない、と思いました」

（Q）県知事選では大差をつけて当選したが、その理由をどう見る？

「サンフランシスコ講和条約で沖縄は日本から引き離されて、アメリカに土地まで買い上げられようとしました。戦後で貧しくて、当時の沖縄は裸足とイモの生活です。それでも自分たちの土地は売らないと。このときは保革関係なく力を合わせて土地買い上げに抵抗し、一坪たりとも売らなかったことは県民の誇りです。そして賃貸借になったわけですが、県内の基地の7、8割が個人の地主で、もとは無理やり取り上げられた土地です。それなのに、ほかからは『お前たちは基地で食ってるんだろう』と言われつづけ、傷つけられつづけてきました。だからこそ前知事の『（3000億円の交付金で）いい正月が迎えられる』という発言を聞いたときには、県民の尊厳が崩れ落ちるような気持ちになりました。

私たちは当然豊かさを求めますが、誇りを失ってはいけない。私が知事選のスローガンにかかげた『誇りある豊かさ』は、革新が大事にしてきた誇りと、保守が重視してきた豊かさ、両方を取り入れた概念です。くりかえしますが、私たちは自分から基地を差し出したことは一度もない。それなのに、普天間基地が老朽化して使い勝手が悪いから、また沖縄から差し出せという。出さないならと警察も海上保安庁も一緒になって、陸で、海で、県民を押さえつけてでもやってやろうというあの姿を毎日県民が見ていたら、将来の子や孫のことを考えたら、とてもこれではいけない、と。それが大差での勝利につながったのだと思います」

（Q）どうしても沖縄に基地を置かなくてはならない理由に日米安保がある。それについては？

「もともと保守の政治家ですから、日米安保体制の必要性は理解しています。しかし昨今、中国の脅威ばかりが叫ばれて、中谷防衛大臣もスクランブル発進が増えているとか、宮古・八重山へのミサイル配備が急務であるとか、こんこんと話されていますが、旧ソ連との緊張関係が高まっていた時代と比べても、いまのほうがそこまで危険なのかどうか。それで中国防衛に関して沖縄が役割を果たせということならば、あの70年前の、口に出して言えないような苦しさと同じことをくりかえすことになりますが、それはおかしくはありませんか？

昔は沖縄は中国に近いから抑止力だと言われた。しかし、いまは中国から近すぎて危険だと言われています。マイク・モチヅキさん、ジョセフ・ナイさんも報告しています。中国からのミサイルで、普天間基地も嘉手納基地も一発でやられてしまうそうです。ものの本によれば、そのミサイルに核弾頭を搭載できるといいますし、そんなものが飛んでくるなんて心が凍る思いです。先日の北朝鮮からのミサイルも6、7分で沖縄上空に到達した。そんななかにわれわれはいるのです。中谷大臣は沖縄のことを領土としか考えていないかもしれませんが、沖縄の先々の子どもたちのことを守っていくのは、われわれ沖縄の責任世代しかないんです。辺野古に造られる基地は200年も耐用する恒久的な基地で、強襲揚陸艦が接岸する軍港と弾薬庫も備えています。米国と中国の緊張関係が今後続いていくなかで、日米安保と言ったときに、沖縄の安全という視点は決定的に欠けているのではないでしょうか」

（Q）知事が埋め立てを取り消したことに対して防衛省は執行停止を求め、国交省がそれを認めたが？

「菅官房長官は日本は法治国家だと言いますが、本当にそうなのかどうか。防衛省と国交省、アンパイアとプレーヤーが一緒というかたちで、とうてい納得できるものではありません。すると国は、ただちに代執行訴訟に入ったんですね。戦後ずっと日本の安全保障を支えつづけてきた沖縄県民に対して、あくまでも押しつけていこうという姿勢に大きな疑問をもちました。三権分立にのっとって、客観的な判断を仰ぎたいというのはそこから来ています。知事として裁判にこうして出廷するということは、正直なところ心身ともに大変な思いもあります。しかし、司法の公正な裁きを信頼するからこそ、ここに臨んでいます。

沖縄県からしますと、日本国民としての自由度、民主主義、自己決定権、どれもないがしろにされてきたという思いがあります。この国が、安保体制も含めて世界に理解され尊敬される国であってほしい。そして沖縄が、誇りと希望をもって子や孫が生まれ育ち、ふるさとを愛しながら自信をもって生きていけるように、私たちはがんばっているのです。慎重な判断をしていただきたい。そして将来の日本のことも考えてほしい。アンパイアとプレーヤーが一緒という同じ行政内の判断ではなしに、裁判所のほうできちっと公正な判断をしてほしいと願っています」

アンパイアとプレーヤーが一緒であってはならない、と最後にもう一度くりかえしたくだりは、私の勝手な解釈だが、国交省と防衛省の行政機関内の癒着のように、国と司法が癒着したような判決はやめてほしい、と念を押したようにも感じたが、考えすぎだろうか。

ここまでおよそ140分。熱弁というにふさわしい、ドラマティックな展開だった。法廷にカメラを持ちこめない理由はもちろんよく理解しているが、傍聴した人の多くがこれは県民に、いや全国民に聞いてほしい内容だったと感じていたことだろう。裁判長はまっすぐ知事を見て、時おりうなずき、メモを取っていた。途中、歴史の話に重複がみられるときには「簡潔に」とうながす場面もあったが、集中を切らすことなく聞いていたという印象だった。しかし、若い裁判官のひとりが途中居眠りをしていたのは残念だった。

さて、ここから60分は国側の質問に入るのだが、今後有効な切り札を出すために知事の言質《げんち》を取っておこうという、策略的な質問が続く。

(Q)あなたは、あらゆる手法を駆使して辺野古基地建設を止める、と言っていますが、変わりはないですか?

「そのままです」

(Q)それは政治家としての信条ですか? 埋め立て承認取り消しも「あらゆる手法」のひとつですか? 信条のためにやったんですか?

「第三者委員会の結論に従って取り消しをしました」
（Q）3月に、あなたは岩礁破砕の一時停止を指示しましたね。これも「あらゆる手法」のひとつですか？
「漁業規則にのっとって、環境保全の観点から指示に至ったものです」
（Q）しかし、県は沿岸海域の立ち入り調査のなかで環境破壊を確認できましたか？
「いいえ、すぐに調査したいと言っても認められず、半年も経過していたために、きれいに掃除されたようなかたちになっていました」
（Q）第三者委員会の委員は誰でしたか？ 人選はあなたがおこなったのですか？ 人選の基準は何ですか？ 公平、客観、中立とおっしゃった。この○○号証をご覧ください（新聞記事を見せる）。○月○日、委員のAさんは反対集会に参加して、「この事態にストップをかけるのがわれわれの使命だ」と発言していますね。明らかに反対している人物であることはご存じでしたか？ こういう発言をされている方に客観的な判断ができますか？
「それぞれのお考えはあると思いますし、他の委員の方も、いろいろな見方をされていると思います」
（Q）法的瑕疵《かし》がある、という結論ありきの委員会だったのではないですか？ 本当に、委員会の報告書を見てから瑕疵があると思ったのですか？
（Q）那覇空港の埋め立て承認も仲井真知事がしています。こちらも環境破壊の懸念があると思いますが、同じように県庁内で精査されたんでしょうか?
(Q)質問を変えます。普天間基地の危険性を除去しようという考えはおありですか? あなたの中で「基地の整理縮小」というのは基地負担の軽減になりますか?
「それは面積の問題だけでは計れないですね。強襲揚陸艦を持ってくるとか、2本の滑走路にするとか、負担の重さはその内容によります」
(Q)那覇市長だった時代に辺野古移設を容認していましたよね。平成17年6月の那覇市議会で(資料を示す)「規模を縮小した上での辺野古移設はより現実的……」と発言しています。
「平成18年の米軍再編前だから、その意味あいは違ってきます」
(Q)そしていまは反対。お考えが変わった理由は何ですか?
「当時の稲嶺知事に相談もなく、政府が再編を発表したことに不信感がめばえたからです」
(Q)平成27年10月の県議会議事録。知事公室長が「県としては公有水面の埋立てに掛かる手続きを適正に行ったものと理解しています」と発言しています。これは正しいですか? 基地問題対策課は知事公室長の管轄ですね? 公室長が審査は適正にされたというのであれば、普通、瑕疵はないということですが、いまになって瑕疵があるとはどういう趣旨ですか?
(Q)あなたは「あらゆる手法で阻止する」とおっしゃっています。それでも司法の判断には従うのですか?
「行政の長として、しっかり受けとめます」

(Q)「あらゆる手法」との整合性は？　沖縄防衛局長が取り消しの執行停止を求め、国交省の裁決が出ている。その採決には従わないのですか？

「裁判所という第三者の判断とは違う」

(Q)司法の判断には従うけれど、行政内部の判断には従わないということですね？　では本当に、代執行の裁判で敗訴したら判決に従うのですか？　瑕疵がないと判決が確定してからも、そのほかの抵抗は続けるのですか？　あらゆる手段というのは……

裁判長「ちょっと質問の趣旨がわかりません」

県側弁護団「承認取り消しとはもう関係ないことを聞いてますよ」

内容のない会話を書き取るのはどっと疲れる。前半は2時間あっても飽きなかったが、国側の弁護団はあくまで揚げ足を取りながら知事を追いこみ、なにがなんでも最初から辺野古反対と決めていて駄々をこねているだけ、という色に染めようとしているのが見え見えの、小手先の質問の応酬だった。そして、どんな結論が出ようと判決に従うつもりのない輩と決めつけて、裁判官の心証を悪くするねらいなのだろうが、逆に沖縄県民の思いを背負った翁長知事の言葉の重みに比べて陳腐すぎ、心証を悪くしたのではないだろうか。

国の代理人はしょせんパートタイムジョブである。彼の人生をかけて質問しているわけでもないし、子や孫や地域を背負ってここに立っているわけでもない。両者がひとつの問題に向きあう法廷という空間にいながら、眼差《まなざ》していいる地平が違いすぎて、めまいがする。

行政処分の取り消しを簡単にされては公益を守れない。だから県が埋め立てを取り消したことを国が無効にしてもいいのだ、という原則論のかたちをとりたい国側。一方の沖縄側は、70年間、人権も財産権も侵害されてきた県民が、かつてない大規模な連帯を背景に根本的な解決を求めている。空中戦もいいところだ。こんなふうに沖縄と国とが司法の場で対決する裁判をいくつも見てきた。辺野古アセス裁判、沖縄戦の死者を英霊の列から取り戻す靖国裁判、座りこんだ高江の住民を「通行妨害」で国が訴えたスラップ（恫喝目的）裁判……いずれも県側は、沖縄がなめた辛酸を二度とくりかえさないという不退転の決意で臨んでいる。

ところが裁判の中身としては、座りこみの横に車が通れたかどうかとか、霊璽簿《れいじぼ》から名前が消せるかどうかとか、本筋ではないところに議論がもっていかれ、実際に県民の望む本質の議論にはなかなか到達できない。だから私は「司法に期待してもどうせ……」とシニカルな見方をしてしまいがちなのだが、沖縄側は毎回本気で、温度は熱い。何度民意が無視されても、また次の選挙に訴え、何度最高裁で負けても、さらに正義の判決を期待して提訴する。その不屈の精神には毎回圧倒される。

それにしても沖縄県知事は大変だ。沖縄県民の民意を受けて進めてきたことなのに、国に訴えられ、被告席に座らされて尋問されるのだ。全国の他県を見渡しても、何も見ないで200分も喋れる知事ばかりではないだろう。弁護団と模擬法廷で練習を重ねて本番を迎えたとも聞いているが、頭が下がる。しかし沖縄県知事は幸せだ。異例の寒さと雨のなかで、1000人もの県民が数時間前から集まってきて応援してくれる。姿をあらわしただけで歓声が上がり、拍手が巻き起こる知事がほかにいるだろうか。

ところで、最後に県は会見で、裁判所の示した和解案の暫定案について、突然前向きな姿勢を示している。暫定案は、簡略に言えば国が訴訟を取り下げて埋め立て工事をただちに停止し、県と話しあうというものだ。しかし、別の訴訟の判決には従うことを相互に約束するという表現もあり、どう評価してよいか、メディアも県民もまだよくわからないという状況だ。国はこの和解案には否定的である。「オール沖縄はもう勢いを失っている」と強気で、和解案に応じる気配はない。

18

2016年2月24日

戦争の島にはさせない
——自衛隊配備に反対する宮古島の母たち

陣痛が始まってからわずか4時間で生まれたという。さすがに3人目ともなると落ち着いたものだ。待望の女の子を出産したのは、宮古島在住の石嶺香織さん。「てぃだぬふぁ　島の子の平和な未来をつくる会」の共同代表として、幼い子と大きなお腹を抱えながらも、去年から宮古島への自衛隊配備に反対の声を上げてきた、がんばり屋のお母さんだ。さっそくメンバーのママさんたちは病院に駆けつけた。

小さくてピンク色の足。差しだした指をつかんでくる、ちっちゃい手。この命を守らなくては。この島を軍事拠点として、領土としてしか見ない権力者の魔の手から宮古島を救うのは私たちしかいない。新しい命を前に、彼女たちは決意を新たにしていた。

「胎盤は冷凍してあるよ」

ちょっとギョッとする話だが、実は宮古では当たり前。宮古島には古い民俗・風習が豊富に残っている。かつては日本の農村でも、胎盤を「活《い》ける」といって裏庭とか玄関まわりとか身近な場所に埋める習慣があったが、いまはほとんどが病院出産になったため、回収業者が胎盤を持っていってしまう。コラーゲンや薬の原料になるので喜んで持っていくという。でも宮古島では、いまでも胎盤をちゃんと持ち帰って、家の周囲のしかるべき場所に「活ける」。胎盤はあの世とこの世をつなぐ大切な船であり、次の子宝を運んできてくれる存在として丁重にあつかうのだ。宮古島独特の笑い話のなかでも「家に帰って冷凍庫を見たら、姉ちゃんの胎盤が入ってた」というのは定番だが、今回、本当に冷凍庫にあるのを確認して嬉しくなった。まだまだ原始的な風土が壊されていない。宮古島恐るべし、だ。

そんな神と、祈りと、自然と人間の調和が保たれている最後の楽園がいま、かつてない危機に瀕《ひん》している。外国の艦隊に撃ちこむミサイルと、外国の航空機を撃ち落とすミサイル、それを800人の自衛隊部隊とともに、この島に置くことが既定方針になっているのだ。日本政府は南西諸島の防衛強化を打ち出し、宮古島・石垣島周辺が「空白地帯」になっているとして、攻撃力をもった陸上自衛隊を配備する。それだけではない。何かあれば攻撃対象になり、島が吹っ飛ぶ可能性もある大規模な弾薬庫が置かれる。実弾射撃訓練場も新設される。敵の上陸を想定して地下に司令部が置かれる。水陸両用車が海から陸に乗り上げる訓練をする着上陸訓練場も、貴重な自然の海岸線が残る東側の浜に造られてしまう。

敵、とは誰か。いったいどこの国が日本に宣戦布告をしてくる想定なのか。日本人のほとんどは、あくまで攻撃されたときに備えての防御であって、いまのところ日本が戦争当事者になることなど100％ありえないと思っているだろうし、こちらが先に撃つことなど想像もしないだろう。しかし米軍が想定しているのは、軍事力をメキメキと高めてきた中国が、台湾を手中に収めようと動き出したときに、それを初期でたたき潰すこと。そのために、中国の船隊が琉球弧を通過するときに宮古・八重山から撃つというストーリーだ。

「ついに、ならずもの国家・中国が西側諸国のわれわれの権益を、生存を脅かしはじめた。最初が肝心だ、宮古島の部隊から撃て！」とアメリカが集団的自衛権を背景に命じた場合に、日本政府が断れるだろうか。日本がやむなく「初期攻撃で事態を終わらせるつもり」で中国の戦艦を攻撃したら、それは中国にしてみれば日本からの宣戦布告である。彼らの反撃は正当なものとなり、攻撃の対象が南西諸島だけに絞られる保証はない。

このシナリオで行くと、肝心のアメリカは無傷のまま、いつのまにか日本の国土が戦争の舞台になりかねないのだ。それもこれも、南西諸島にミサイル基地を置くことから始まる。アメリカの対中国戦略のなかで、日本は兵隊と戦場、両方を提供する都合のいい存在になってしまう。

「てぃだぬふぁの会」のお母さんたちは、軍事戦略上、宮古島が背負わされる危険についてもよく知っていて、危機感をもっている。しかし、まだまだ自衛隊問題に関心のない島民にいきなりそんな話をしても通じない。まずは親子で遊びながら参加できるイベントで何でも話せる場所づくりをして、子育てのこと、環境のこと、水や食の安全のことなどから軍事的な話まで学びあいができるようなイベントを次々に計画している。

とくに、水に関して宮古島は特殊な事情がある。すべてを地下ダムに頼っているのだ。大きな山がないから川もあまりないこの島では、石灰岩の地層に貯めこんだ水だけが頼り。つまり、隆起珊瑚礁でできている島の地下にひとつの大きな水がめがあるようなもので、そこから離島にまで供給しているのだ。限られた量しか保持できないのに、基地で大量の水を消費して足りなくなったり、有害物質が垂れ流されて地下水が汚染されたりしたら、宮古群島は丸ごと生き残れない。しかし自衛隊の予定地は、まさに水源の真上に位置している。軍の機密上、基地内の出入りは制限されるなかで、島民にとっての不安は計り知れない。

宮古島では、島建ての神話や神歌にはかならず湧き水の話が盛りこまれる。あっちの「カー」（井戸・湧き水）は塩味で、こっちの「カー」は濁っている。でもこの「カー」なら水は甘い。ここに村をつくるとしよう。そんなふうに語られている。水は人間集団の生活の基盤である。だからこそ、水が涸《か》れることなく供給される井戸に人々は神を感じた。水を汚し、水の神を軽んじるものには罰が当たる。この信仰は深く宮古島の人々のなかに浸透している。以前も、宮古島の水源地にかかる場所に計画されたゴルフ場を、島民が団結して断念させたことがある。自衛隊配備を水の危機から考えるほうが、宮古島民にとっては身近なのだ。

もうひとつ、軍事的なことには疎《うと》い島民でも絶対にやめてほしいと思っているのは、神さまの場所に手を入れることだ。御嶽《うたき》という沖縄独特の聖地は各集落に複数あるが、今回の自衛隊予定地の

中にもいくつも含まれてしまう。逆に言えば、島じゅうに点在する聖地をよけて基地を造るのは不可能だ。防衛局は早々にこれに配慮して「基地取得用地内でも御嶽は保全します」とうたっている。しかし、もっとも近い集落にあたる福山の自治会長さんは、山と御嶽の関係をこう話した。

「御嶽だけ囲って保全しました、どうぞ拝んでくださいと言ってもね、大切なのは山だから。オイオキ御嶽は、嶺の中腹にあったのを拝みやすいように手前に拝所《うがんじょ》を作ったもの。拝所だけ残しても、山を訓練場に取られてしまったら大変なことになる」

予定地海側の広瀬御嶽《ぴっしうたき》は航海安全の神さまを祀《まつ》る御嶽で、宮古各地から信仰を集めている有名な聖地だ。そこが基地になって入れなくなると知ったら、海を隔てた大神島のおばあたちでさえ「何もわからん人のやることは怖い」と顔を曇らせていた。

島を守り、子孫の繁栄のためにつねに神さまとつながって神人《かみんちゅ》の役割を果たしてきた女性たちがだめだということは、ここではまずうまくいかないだろう。[*1] 動画レポートに登場する立派なガジュマルの木が中心にある御嶽も、てぃだぬふぁのメンバーは誰ひとり行ったこともなかったのに、撮影中吸い寄せられるようにたどり着いてしまった。ピンフという御嶽の神さまが、ママたちのグループに、もっとがんばってくれと激励したくて呼び寄せたのかもしれない。

共同代表を務める楚南《そなん》有香子さんは宮古生まれの宮古育ち。4歳の娘をもつ母親だが、インタビューに対して、自衛隊配備計画はかならず止められると言った。まもなく用地取得の国の予算が下りて、ゴルフ場と牧場の地主がハンコを押してしまえば事態は大きく動く。一度基地を引き受けてしまえば、すでに自衛隊がレーダー施設を置いている野原《のばる》の通信施設のように、当初の計画にはなかった規模の新しい機器を次々に建てられても、もう手も足も出ない。しかし、反対の機運はまだまだ盛り上がっておらず、用地取得をやめさせる妙案もない。

それでも楚南さんは怯まない。戦火を逃げまどった先祖から受け継いだDNAで、絶対に止めるという。石垣や与那国とも連帯して止めていく、という彼女の目に宿る信念の光は、翁長知事やヒロジさんの眼光に通じるものがある。これ以上、日米両政府にとって都合のいい島に、島民の生活よりも軍事利用優先の島になるのを座視しているわけにはいかない。そう思って立ち上がったママさんたち、そしてその背景には、上の世代で平和を求めて闘ってきた宮古の女性がたくさんいる。彼女たちの姿は、福島でがんばっている女性たちとも呼応して、日本中に勇気をくれる存在になっていくと思う。

先祖と島の未来を背負った闘いは、辺野古だけではなく宮古島、石垣島で本格化していく。止めたいのは、日本の運命をも左右する、戦争の引き金になる自衛隊の配置だ。

私は三つ目の映画を作って、その現状を全国に伝えていく決意をした。前作同様、資金はカンパが頼りの自転車操業になる。でも、辺野古・宮古・石垣の闘いは日本の平和を守る最前線の闘いだから、この連載で日々の取材・撮影の経過を報告させていただきながら、制作を続けていく。

＊1 「三上智恵の沖縄〈辺野古・高江〉撮影日記」第42回 http://www.magazine9.jp/article/mikami/26219/

19

名護の東《あが》い太陽《てぃーだ》
2016年3月2日
——稲嶺名護市長、証言台へ

「私たちは、普通の人間として、普通のまちの中で生活がしたい。70年間の沖縄の歴史、そこでおこなわれてきた人権を否定するようなことから、私たちを解放してほしい」

国が沖縄県知事を訴えた「代執行裁判」。証人尋問に臨んだ名護市の稲嶺進市長は、苦痛に耐えているかのような震えた声でそう訴えた。そして絞り出すように、こうも言ったそうだ。

「私たちはもう、これ以上、我慢ができないんです」

沖縄では東のことを「アガリ」といい、西のことを「イリ」という。文字通り、太陽が昇る方角だからアガリだし、日が沈む方角だからイリである。東は沖縄ではとくに吉方、縁起のいい方角だ。日の光が差し、島に恵みをもたらす神のいらっしゃる方角なので、人々は「あがいてぃーだ」(東の太陽・昇る太陽)に手を合わせる。一方、日が沈む西側は夜の方角であり、死者のいる場所に向いている。島の西側に墓を造ることが多いのはそのためだ。観光客は真っ赤な太陽が海に沈む姿を見たくて西海岸リゾートに殺到する。家を建てるときにも、西側にリビングを配置するのは県外からの移住者と相場が決まっている。沖縄の人ならば、西日のきつい西側に開いた家づくりなどまずしない。東こそが神聖な方角なのだ。

「東《あが》い太陽《てぃーだ》になれよう。名護を照らす東《あが》い太陽《てぃーだ》になれよう」

これは、「嘉陽《かよう》のおじい」と呼ばれた嘉陽宗義さん（2016年没）が、まだ市長候補になったばかり（2009年）の稲嶺さん本人に言った言葉である。辺野古のお年寄りが97年に結成した「命を守る会」で、初期から基地反対に取り組んできたおじいにとって、辺野古と同じ名護市東海岸の青年（沖縄の「青年」は中年層も含む）が市長候補になったのは、とても画期的なことだった。

名護市は人口の9割が西海岸に集中している。辺野古・二見・嘉陽など東海岸の海沿いの地域は、1970年に合併するまでは久志村《くしそん》という別の行政区だった。クシというのは「後ろ」という意味で、「後原《くしばる》」と言ったら集落の後ろにある原っぱというような意味だ。だから久志村は、美しい字が当ててあるものの、語感からすると「後ろの村、裏側の村」という意味あいもある。

実際、旧久志村は、西海岸と合併して名護市になってから、あまり良いことがない。キャンプ・シュワブやキャンプ・ハンセンを抱え、基地被害もあれば収入もあったが、合併してからは基地被害をほとんど味わっていない西側に基地収入が吸い上げられ、基地の重圧だけが残った。過疎化が進み、なんでも置き去り、後まわしにされてきた。人口が多く発展を遂げた名護市西海岸が表なら、久志地域はまさに裏側だった。

稲嶺市長はそんな名護市の裏側、久志地域の中でも奥まった三原という集落で、沖縄戦の年に生まれた。三原といえば、地デジになるまで民放が映らなかった最後の地域といわれるほど山あいの不便なところに位置している。地域のおばあたちの話によれば、進少年は小さなころから利発で、片田舎から琉球大学に進み「神童」とも称される期待の星だった。名護市役所に入ってからも市の教育長を務め、当時の岸本建男市政を支える重要人物となった。

人口でわずか8%でしかないこの久志地域から市長が誕生した例はそれまでない。だからこそ、稲嶺市長一期目の当選のときには、旧久志村地域は沸きに沸いた。とくにお年寄りたちの喜びようは尋常ではなかった。本来、日が昇るのはこの東海岸からなのだ。名護市を照らす太陽はこの東海岸から昇るのだという意味で、「あがいてぃーだ」(東から昇る太陽)は三原出身の稲嶺市長の代名詞になっていった。

しかし、稲嶺さんは条件つきで辺野古移設を容認した岸本市長を支えた名護市の幹部であり、当初から移設反対の人だったわけではない。2006年、キャンプ・シュワブ内の兵舎の解体と移転に先立って埋蔵文化財の調査が必要となったときに、調査を進めようとする名護市と反対する人たちが衝突した。当時教育長だった稲嶺さんの対応は決して反対運動に理解があるものではなかった。私もそのころ、何度も市の対応をただしに行く文子おばあら市民を取材していたので、稲嶺教育長の冷たい態度に対し、おばあたちが「あれは旧久志村の人なのに」と恨めしく語っていたのを覚えている。だから、辺野古反対運動に長くかかわっている人のなかには、稲嶺さんが「海にも陸にも基地は造らせない」を公約に市長選挙に名乗りを上げたとき、「信じていいのだろうか？」と思った人も多かったはずだ。その状況を一変させたのが辺野古のお年寄りたちだった。

嘉陽のおじいは戦争で受けた傷の後遺症で足が悪い。しかし頭の回転が早く、人と話すのが大好きで、携帯電話で誰とでも、国会議員とでも直接、納得するまで対話する。稲嶺さんが市長候補になったころ、おじいは何度も電話で進さんと話をしていたようだ。もちろん、容認派だった記憶がみんなの中にあるのをよく知っていたので、おじいは「かならず基地に反対する、辺野古の年寄り連中に誓って、そうすると約束してくれんか」と、何度も懇願するように話していた。

ある日、嘉陽のおじいは嬉しそうに私に「証文」を見せてくれた。「辺野古の海にも陸にも基地は造らせません」と書いた色紙に「稲嶺進」と直筆のサインがあった。そしてこう言った。

「進くんはね、おじいに、ちゃーんと約束をしてくれた。男と男の固い約束だ。こんなに嬉しいことはないよ、三上さん。おじいはね、進よう、あがいてぃーだになれよう。久志から名護を照らす、あがいてぃーだになれよう、と言ったんだ」

この「証文」は、いまもおじいの家のリビングに貼ってある。私はおうちを訪ねるたびにこの日のことを思い出す。あのころはまだ、稲嶺支持に対して、辺野古でがんばってきた人たちのなかに迷いがあったが、おじいが証文をとり真っ先に信じようと表明したことで、まさか地元のお年寄りとの約束を破ることはしないだろうと、急速に稲嶺さんに対する信頼と期待が広がっていった。

そして三原、汀間《てぃーま》、嘉陽といった、彼の故郷に近い地域のお年寄りたちが、口々に稲嶺さんへの期待を語り、褒め称え、炊き出しをし、おにぎりを並べ、総出で選挙を支えた。稲嶺さんも、久志地域に来るたびに表情がみるみる変わっていった。私は教育長だったころの稲嶺さんとは全然違う穏やかな表情になっていく過程を感慨深く見ていた。久志地域のお年寄りたちの黄金言葉《くがにくとぅば》（教え）が、稲嶺さん本来の善性を磨きだしていったように感じていた。とくに二期目の闘いに入るころの稲嶺さんは、多くの神さまに守られてでもいるかのようなオーラをまとっていた。

苦しい思いを強いられてきた沖縄の、そのなかでも後まわしにされてきた地域の人々の悔しさ、でも諦めるわけにはいかない想いを一身に背負って、稲嶺さんは権力にぶち当たっていく。埋め立てを承認してしまった前知事とも対立し、国にも堂々と立ち向かい一歩も引かない。稲嶺さんは「僕は小心者ですから」とよく言っているが、こんなに凄い政治家になっていくとは誰が想像しただろうか。最初は小さく感じた背中だが、先月21日におこなわれた2万8000人の国会包囲行動の先頭に立つ稲嶺市長は、とても大きく、誇り高く見えた。彼の背後には、東の海、大浦湾の向こうから人々を照らし、人々を辛苦から解放する太陽の力が宿っている。ひとりの政治家をあそこまでまっとうで力ある存在にしていったのは、彼に期待し、応援しつづけている地域の人々の正のエネルギーであることは間違いない。

映画『プラトーン』『JFK』などで有名なオリバー・ストーン監督は2013年、名護市役所で稲嶺市長に会った途端に、「あなたを尊敬する。あなたはファイターだ」と讃《たた》えた。あまり多くを語らない人柄の稲嶺さんに、直感的にそう言ったのだから、やはり稲嶺さんのもつ風格や表情に、人を描く監督として卓越したものを感じ取ったのだろう。

裁判所前の公園に、濃い桃色のヒカンザクラが咲いていた。名護は桜の名所でもある。「名護城《なんぐしく》の桜が応援に来てくれたようだ」と笑顔で語った稲嶺市長。「県民の声を届けてきます」と言うと万雷の拍手が起こり、裁判所に向かった。

「沖縄の民が育てた政治家」。そんな言葉が頭をよぎった。

20

2016年3月9日
「埋め立て工事中止」という和解

「沖縄のアメリカ軍普天間基地の移設先とされている名護市辺野古沖の埋め立て承認を巡り、国が沖縄県を訴えた裁判は、埋め立て工事を中止して双方が協議するなどとする裁判所の和解案を国と県がいずれも受け入れ、和解が成立しました」（3月4日、NHKニュース）

3月4日の昼過ぎ、キャンプ・シュワブのゲート前に、予想もしていなかった大ニュースが飛びこんできた。

「埋め立て工事を中止して双方が協議」「和解が成立」。ニュースの字面を見るだけでもくらくらする。「中断」でも「一時停止」でもなく、裁判所が和解勧告に盛りこんだ文言は「中止」なのだ。私は混乱した。よく考えてみる。「中止」は「止める」という意味だ。遠足の〝延期〟はいつか行くけれども〝中止〟は二度と行かない。中止という言葉を、辺野古基地建設に関してこの耳で聞く日が来るとは、まさに青天の霹靂《へきれき》だった。

海上で本格的な作業に入った2004年から数えても12年間、惜しげもなく巨額の税金を投じて進められてきた辺野古基地建設の日々。身体を張り、声を枯らして、止めても止めても入っていくトラック。海に落とされるブロック。市民投票も衆院選も、市長選挙も県知事選挙も、どんなに反対の民意を示しても止まらなかった工事。何度も何度も怒りの拳をあげた県民大会、いずれも無視して進められてきた工事。普天間基地を封鎖しても、ゲート前の道路に身を投げ出しても、何百というブロックを積み上げても、止むことがなかった建設工事。それが、裁判所の和解勧告に国が応じたことで「止まった」のだ。この事の大きさがわかるだろうか。夢にまで見た瞬間だ。いや、悲観的な私は、夢に見ることさえできなかった。そんなことが起きるのか？　信じられないことに、実際に、本当に、工事は「止まった」。

ゲートの前には、ヒイヒイと声を上げて泣くヒロジさんの姿があった。私だって現場で、大空に手を挙げて泣き崩れたかった。この辺野古の大地での、地を這うような抵抗の日々がなかったら、たどり着けなかった地平にいま私たちはいる。この瞬間を夢見て現場を去っていったおじい、おばあ！　見ていますか？　止めましたよ！　とりあえず、明日から工事しないんですよ！　もう強行はしないという私たちを羽交《はが》い締めにしないし、警察にも笑って挨拶できるんですよ！　海保はもすって！　少なくとも当分は！

島の未来のために必死で基地建設を止めようとしてきた、たくさんの方々の顔が走馬灯のように浮かぶ。移設先が辺野古と決まり、この海が暗雲に覆われていった1997年から19年、取材当初からずっと、このことで心が晴れたことがなかった。19年分の涙が溢れて止まらない。思いもよらなかった「中止」という言葉の約束する世界は、まさに悲願の、誰にもこの海を奪われない解放と平穏。その先に守り抜いた青い海が広がっている光景である。

感慨に浸っている私たちに向かって、お願いだから訳知り顔で「油断してはいけないよ」「選挙対策だ」「政府はきっと強行する」「ポーズだけで、和解する気なんてない」「これで終わると思ったら大間違いだ」などという言葉を簡単に投げかけないでもらいたい。国の作戦が失敗し、「中止」を含む和解にまで応じさせるほど、私たちは政府を追いこんだのだ。

本土メディアどころか県内メディアも、ほとんど辺野古の抵抗を取り上げなかった時期もあった。それでも地道にずっと抵抗してきたあの日々があったから、オール沖縄の闘いまで発展して、国の横暴を止めさせているのだ。そんな力を、沖縄県民とそれを支える全国のみなさんが持ち得たのだということをまずは祝福したい。噛み締めたい。みんなと乾杯したい。ハグしたい。私が会社を辞めてまで止めたかったこと。アナウンサー人生を投げうってでも、絶対に守らなければいけないと覚悟したこと。それは、この埋め立てなのだから。

ジュゴンを追いかけて撮影し、アオサンゴを見つけて世に出し、「歩くサンゴ」の特ダネに期待して奔走した私の、大浦湾に対する尽きることのない張り詰めた想いは、「埋め立て中止」と聞いただけでもう本当に瓦解するほどだ。いつか「白紙撤回」という言葉を勝ち取ったときには、そのままあの世に行って、先に行ったみんなに報告してしまうかもしれない。ずっとこの問題に向きあってきた人にとっては、3月4日はそんな日になった。

その前に説明をしなければならないが、この日は「サンシンの日」といって、沖縄を代表する弦楽器「三線」を島じゅうで同じ時間に響かせるという、県民にとって大事なイベントの日であった。去年はゲート前のテントの撤去を迫られるなか三線を弾いて抵抗した。今年は、朝、工事車両がやってきて機動隊が排除にかかる7時前に照準を合わせ、三線の名手35人が楽器を手に集まった。曲は、めでたい席にまず座開きで奏でる「かぎやで風」と決まっている。難しい曲だが、厳かで心が改まる名調子だ。踊り手も15人、簡単に衣装をまとってスタンバイした。

本来は、毎年この日の正午から時報に合わせて、県内各地で心をひとつに同じ曲をいっせいに奏でるというイベントだ。しかしゲート前の行動は朝が本番だから、早朝から音楽に心を合わせて平和な沖縄の未来を心に描こうじゃないかと、みんな暗いうちから準備万端集まったのだった。その前日、「明日のサンシンの日はここで一大文化イベントをやろう。警察も工事業者も県民なら、その時間はみんなで輪になって、心をひとつに歌と踊りを楽しもうではないか」と呼びかけていた。沖縄らしい抵抗のかたちだ。しかし、そうはならなかった。

準備した歌と踊りを最後まで披露する間もなく、機動隊が投入された。排除が始まっても表情を変えずに踊りつづける人。三線を放さず歌いつづける人。騒然とするなかでも調子を崩さずに歌が響いていることに、沖縄の芸の凄みを見た。中城《なかぐすく》村議会の議員でもある新垣徳正さんは、この日はあくまで歌で抵抗しようと試みた。道路に身を投げ出して抵抗する人々のあいだを縫って、震える声で歌いつづけていた。

「涙が出て、思うように歌えませんでした。本来は三線は戦いの場に持ちこむような、そういう楽器じゃないですから」。悔しそうにそう言って、琉球音楽の始祖とされる赤犬子《あかいんこ》が三線を作って音楽を奏でて歩いた伝説を話してくれた。建設現場に楽器。なにもふざけているわけではなく、それぞれに思いがあって、楽器や衣装を厳しい場面に持ちこんだ参加者たち。人々の思いもおかまいなしで、その上に襲いかかる国家権力の情け容赦ないふるまいに胸がふさがる。

しかし実はこの瞬間まで、警察も防衛局も、もちろんアルソックの警備員も海の上の海保たちも、いつものように工事を進めるだけと思っていたことは映像からもわかる。それが急転直下、国が当初興味も示していなかった和解案に同意するという一報が入ったのだ。この日は朝から、演奏して歌って泣いて排除され、昼までに何回戦も衝突を終えて、みんなぐったりしていた。そこに「中止して話しあう」という新たな決定が持ちこまれたのだ。本当になんという一日だろう。沖縄県警もぽかんとしていたという。もしもこの決定が一日早かったら、サンシンの日は朝から大演芸大会になっていただろうに。警察も無粋なことをしないですんだだろうに、残念だ。

週が明けた7日、国は早々に知事に是正を指示する手続きに入ってしまった。今回の和解のなかで裁判所は「工事を中止して、本来はオールジャパンで話しあうべきだ」とまで踏みこんでいる。話しあいもなしに、是正の指示という手続きもすっ飛ばして、もっとも強権的な「行政代執行」という手段で臨んだ国のやり方に対し裁判所は冷ややかな対応を見せた。裁判長は国と地方は対等な関係にあるとした地方自治の精神を尊重し、おもに県側の主張を認めて話しあいによる解決を促し、国は少なくとも、ひとつ前の手続きから順序を踏むべきだと示唆している。ところが国は、県との協議についてはまだ何も動かないうちから、新たな法廷闘争へさっさとコマを進めてみせた。時間を取るつもりはない。次の裁判では勝つし、辺野古計画を考え直す気は毛頭ない。そう宣言したかたちだ。これでは、円満解決に向けて努力するポーズさえ取るつもりはないということだ。知事も弁護団も不快感をあらわにした。やはり「和解」などに応じたのではなく、不利な裁判を闘うより、譲歩したように見せて次の裁判で沖縄をたたきのめす。本音はそこなのだろう。

そうであっても、である。いま現在は和解によって「国が知事の権限を奪った措置を取り下げた」ことで、沖縄県知事が埋め立てを取り消した、その状態に戻ったのだ。知事がだめだと言っているあいだ、何人たりとも大浦湾のサンゴを潰したりはできない。そう思うだけで、朝から空気がおいしい。

やがてまた「沖縄県知事が違法なのであって、国は好きに埋めていいのだ」という結論が新たな裁判で導き出されるのかもしれないが、それまで最低でも半年は、おいしい空気が吸える。当然ながら、埋め立てはなくても陸上の工事を姑息に進めることを前提に、警戒は緩めない。毎日のゲート前行動も継続するし海の監視も継続、これまで通りである。抵抗運動が激しくブロックの搬入が難しいとみた政府は、基地内に生コンのプラントを造って、中でコンクリート製造を開始しようとしている。それも警戒しなくてはならない。

それにしても、「工事中止」には本来、関連工事も当然含まれているのだから、工事はいっさいやめてほしい。そして、もう埋め立ては中止になっているのだから、埋め立てに向けて海に投入した人工物はすべて引き上げてもらう。アンカーブロックもオイルフェンスも、オレンジ色の浮きも、すべて海に負荷をかけている。一刻も早く撤去してほしい。その声を上げつづけるためにも、海と陸の監視行動は休めない。

三上さんがあんなに喜んでたから、もう応援に行かなくていいのかしら？　と勘違いしないでほしい。知事が認めていない工事ですよ！　と大手を振って監視し、春に向かって輝きを増す大浦湾を満喫し、結束を固めて次に備える絶好の時期だ。安心して遊びに来てほしい。現場に来て、おおいに賑やかして帰ってほしい。これから沖縄は、いちばん美しい時期を迎えるのだから。

21

2016年3月23日
キャンプ・シュワブ兵士によるレイプ事件の激震

今度の犠牲者は観光客の女性だった。今月13日、那覇市内のホテルが恐怖の事件現場となった。彼女は沖縄旅行を楽しみ、友人と部屋で楽しく飲食をしていたのだろう。追加の飲み物を買いに出て戻ると、友人が眠ってしまったようで部屋に入れない。こんなふうにオートロックの部屋を閉め出された経験は私にもある。あなたならどうするか。ドアを激しくたたくのも迷惑だし、フロントの人を呼ぶのも気が引ける。私なら、寒くなければ廊下で膝を抱えて気長に待つだろう。やがて被害女性は廊下で眠ってしまう。そこに見知らぬ米国海軍の兵士があらわれ、彼女を部屋に連れこんで暴行に及んだ。

その兵士は辺野古のキャンプ・シュワブの兵士だったので、翌日からゲート前は荒れた。基地があるかぎり、兵士の暴力によって女性の人権がズタズタになる、この手の性犯罪がやまない。70年続いている屈辱的な痛みや苦しみから解放されない。だから、いつもの「新基地建設反対」に加えて「米軍は出て行け！」という抗議の声一色になったのは当然だった。

そんな蛮行などはたらかない、立派な兵士もたくさんいるだろう。毎日の業務でゲートを通るたびに「Go Home!」と書かれたプラカードを突きつけられたらいい気はしない。自分たちはそんな人間じゃない、と悔しい思いもするだろう。かといって、これだけ犠牲者が出ているのに「悪いのは一部の人よね。だからあなたには抗議しないわ」という態度をとっていたら、沖縄県民の怒りは伝わるだろうか。米軍が本気で再発防止策を打つだろうか。沖縄県民が大声を出さなければ、米軍もだが、国内の他県の人だって、この痛みに気づいてくれないではないか。

15日、同じキャンプ・シュワブに所属する兵士たちにレイプ事件の抗議をしていたところ、ある兵士が車から中指を立てて挑発した。このポーズが意味するところは書くまでもないだろう。自分たちの仲間が日本女性にしたことを、少しでも悪いと思っているならできる仕草ではない。相手を最大限に侮辱するこのサインを見て怒らない人間はいないだろう。

みんなに頼られているヤスさんが、この米兵の態度に激怒して抗議し、ボンネット側に回ろうとしたとき黄色い線（基地との境界）を越えたということで、軍警察に拘束された。右腕とも言われるヤスさんの逮捕にヒロジさんの怒りも炸裂した。

「警察はたった1、2メートル、ラインを越えたからと言って沖縄県民を拘束し、あんな事件を起こした米軍の側に立つのか？　沖縄の人間としての怒りはないのか？　米軍を守るより沖縄にいる女性をなんで守れないいんだ！」

レイプはもちろん悪いが、それに対する沖縄の怒りは毎回過度な印象がある、という人もいるかもしれない。20年以上ここに生活してよくわかったことだが、米兵によるレイプの事実があっても、その後に待つ苛酷な運命を考えたとき、警察に行かない選択をする人がどれほど多いか。昔は私も「勇気を出して警察へ」などと思っていたが、身近な被害者の話や目撃談などを聞いていると、自分ならセカンドレイプ覚悟で警察に行けるだろうかと、年々否定的になっていく。

相手が米兵なら、まずはマスコミに追いかけられ、好奇の目で見られ、外も歩けなくなる。仕事を失う可能性も高い。かならず本人の落ち度の話になる。彼氏がいたらギクシャクするだろうし、結婚していたら夫の仕事にさえ影響するかもしれない。子や夫が一緒に闘ってくれるか。仮にそうでなかったら、それこそ家族の絆を含めて、事件前に持っていたものすべてを失ってしまうだろう。ひとりで抱えることに決め、心に深い傷を負って沈黙している女性がどれだけいることかと思う。

ヤスさんの個人的背景はまったく知らないが、この島の男性にとっても母や姉、恋人などの身近な女性に犠牲者がいるケースも多く、レイプ自体は無論、それ以上に被害者を苦しめるセカンドレイプに対して、男性でも激しい怒りをもつ人が少なくない。

たまたま今日（21日）の「沖縄タイムス」に、今回の抗議集会に参加する60代の男性の痛ましい話が掲載されていた。彼が幼いころ姉が米兵にレイプされ、その後は家の中の一畳ほどしかない裏座（民家の裏側に位置する収納部屋などのこと）に引きこもったままになったという。周囲は精神を病んでいると言っていたそうだが、原因がレイプとこの男性が知ったのはつい最近、10年ほど前だそうだ。当時、父も兄も家にいた。「なぜ止めなかったのか」と聞くと母は「止めたら殺された」と言ったという。

復帰前の植民地同然の沖縄で、腕力も権力も桁違いの米兵に、目の前で娘を蹂躙《じゅうりん》されて何もできずにいる父の気持ちは想像を絶する。父として、兄として、恋人として大事な女性を守れなかったときの男性の尊厳こそズタズタだろう。憲法もなく警察権もない、公平な裁判を受ける権利もない、そういう状況を恨み、米兵を憎んだとしても、何ひとつできない自分を悔やむだろう。責めつづけるだろう。そんなやりきれない経験の蓄積がこの地域にはある。

復帰して憲法上は人権が保障された。とはいえ捜査権も裁判権も、米軍相手だと制限されたままだ。これでは復帰前となにも変わっていないじゃないかという憤怒が、事件が起きるたびに腹の底から沸き上がってくるのは当然である。

沖縄県民にとって、忘れようにも忘れられない「由美子ちゃん事件」がある。1955年、米兵が幼稚園児の由美子ちゃんを強姦、切り裂いた上、殺害してゴミ捨て場に捨てた。由美子ちゃんは歯を食いしばった表情のままで、幼い手には雑草が握られていたという。こうして書いていても怒りと涙が溢れてくる。弱い者が犠牲になり、周囲もそれを守れなかった苦さを抱いて生きる。その温床に、日本の国とその国民が是とする「米軍の駐留」がつくりだす構造的な不平等がある場合、問題を解決する責任は誰にあるのか。

こういう話をすると、かならず「レイプをするのはアメリカ兵だけではない」という意見が出てくる。普通の日本人もやるではないか、と。そう言ってまで、おぞましい行為をかばう意味がまったく理解できない。軍人と一般人のもっとも大きな違いは、人を殺す訓練を受けているかどうかということだ。もちろん彼らの正義や大義があり、組織の決定に従ってするのであって、私利私欲のために殺すわけではないのだろう。国を守る、秩序を守る。理由は結構だ。でも、その大きな違いを知ってほしい。普通の精神状態では人間は人間を殺せないものだ。

しかし、軍人の頭の中には、つねに「守らなければいけない大事な人たち」と、「いざとなれば殺されても仕方のない人たち」の2種類がかならずいるのだ。すべての人間に、まったく等しく人権があると信じていたら、相手を殺すことはできない。つまり、女性にも自分と同じ人権があると100%思っていたらレイプはできない。人権意識を狂わせ、縮小させ、暴力性、攻撃性を肥大させる訓練を組織としてやっている軍隊の構成員に、一方で「綱紀粛正と道徳」など教えても染みこんでいくはずがない。攻撃と支配にアドレナリンが出るよう訓練された集団と、一般の日本国民が一緒であるはずがない。

沖縄在住の政治学者ダグラス・ラミスさんは元海兵隊員だ。約2500人が集まった抗議集会のあと、矢も盾もたまらないといったようすでマイクを握り、米兵に直接英語で訴えはじめた。沖縄の抵抗運動をイデオロギーだ、動員だと矮小化しているかもしれないが、今日見たままの沖縄の怒りを、ぜひ上司に、アメリカ議会に、ペンタゴンに伝えてほしい、と叫んだ。そして私たちのインタビューに答えて、衝撃的な指摘をしてくださった。

「残念ながら軍隊は、戦争で勝ち取ったものは『戦利品』だと思っています。この島も。そして、女性は戦利品に付属する、ご褒美のつもり、ね」。そう言う目はとても哀しい色だった。

週に3回、辺野古に通うラミスさんは「何千、何万の沖縄の人が、カッターを持って基地を囲みフェンスを切断しはじめたら、外国軍隊であるあなたたちはどうするのですか?」と英語で書かれたビラを持っていた。

敗戦国に生き、そのまま占領された島に住んで、嫌でも屈辱を味わってきた沖縄の人々には、構造的な差別、システムとしての日米同盟のいびつさがはっきり見えている。

たまたま犯人が米兵だっただけでしょう?

女性側の落ち度もあったのでしょう?

そう言いたい人たちが、どういう心理で、何と向きあいたくないのか、それも見えている。セカンドレイプまがいのバッシングでモヤモヤした気持ちを治め、溜飲を下げ、問題をすり替え、立ち向かうべきものから逃げようとしている人々がいる。そんな人間の弱さも含めて、悲しい。被害に遭う本人も、助けられなかったまわりも、向きあいきれない人のほうが多いと知っているからこそ、よけいに不幸になってしまう。このような事件が起きるたびに、正面から受けとめてもらえない社会にまず直面してしまうこと。それが、とてもじゃないがやりきれないのだ。

22

先島台風、本土上陸

2016年4月6日

3月29日、安保関連法がとうとう施行された。施行されても諦めない人々がこの日の前後、国会前や各地で廃止を求める集会に結集した。それに合わせて、宮古島と石垣島、「先島」と呼ばれる離島の代表団が上京し、国会前で「戦争法が施行されれば、真っ先に戦争の舞台となるのは私たちの島だ」と窮状を訴えた。

着々と進められている先島への自衛隊配備が、どう戦争法と直結するか。日本の運命をどう変えるか。安倍政権に危機感を抱いている人のなかでも、結びついていない人がまだ多いかもしれない。くりかえし書いてきたように、アメリカの対中国軍事戦略のなかでは、もはや日本全体が防波堤の役割を免れない。アメリカが優位に立つための「制限戦争」の舞台となるのもおそらく日本であり、その口火を切るのは南西諸島になる可能性が高い。

もしも宮古・石垣に計画通りミサイル基地が置かれてしまえば、台湾有事をきっかけに中国の軍艦が動き出した際、「これはわれわれ西側諸国への挑戦だ。威嚇攻撃しろ」とアメリカに指示されれば日本政府は拒否できない。何度も書いてきたように、集団的自衛権によって自衛隊が動いてくれるという確約があってはじめて作動するのが、現在アメリカが中国を封じこめる戦略として進めているエア・シー・バトル構想なのだ。

その思惑通りに自分の島に自衛隊を配備されればどうなるか。みすみす軍事作戦の犠牲になり、みずから導火線となって島を滅ぼすわけにはいかないから、宮古と石垣の代表は必死になっている。29日には国会前に約3万7000人が集まったというが、この状況をもっとも我が身に迫る危機ととらえ、切羽詰まった気持ちでいたのは、先島から上京した要請団だったろうと私は思う。

その前日には、同じ先島の最西端、与那国島に新たに配備された自衛隊の発足式がおこなわれたばかりだった。県内メディアからは「これがあの与那国島か」「まるで日本軍の上陸だ」と愕然とするような写真と映像が伝えられた。

代表団の東京要請行動に先立って、26日には、ふたつの島で「自衛隊配備反対市民集会」が開かれたが、与那国のようすを見たあとだけに、いずれも参加者の表情は重かった。そして採択された配備撤回要請を受けて代表団は上京したのだった。国会前での必死の訴えの翌日、代表団は防衛省への要請行動へと向かった。

結論から先に言う。この大がかりな要請の直後、宮古島の自衛隊配備計画の一部が崩れた。宮古島の島民が目の色を変えて反対する地下水問題が浮上した、東海岸の福山地区への配備計画が白紙になったのだ。これは予想外の急速な展開だった。どうやら宮古島の水源地を汚染から守ることができたのだ。それは昨日4月5日のニュースとなった。

自衛隊の是非でもない、配備の有無でもない、とにかく「地下水しかない島で、水を汚されたら島の生活は瓦解する」という一線で、住民の共通認識を先に成立させた宮古島の人々の勝利だろう。生命線の上に無謀な計画図面を引いていたことに防衛省みずから気づき、撤回せざるをえなかったのだと思う。まだまだ反対を表明して行動できる人が少ない宮古島で、少人数ながら地道に声を上げつづけてきた女性たち、ママさんたちのグループや市議会に訴えてきた団体などの粘り強い抵抗が実を結んだかたちだ。

ひとつの基地計画を住民運動が撤回させたことは、かなり喜んでいいことだ。もちろん、宮古島への自衛隊配備計画自体は変わっていないし、違う候補地の名前がまもなく挙がってくるのだろう。千代田カントリークラブへの兵舎配備も、いまのところ変更はない。でも、ひとつずつこうして計画を潰していくことで時間を稼ぎ、周知を図り、最終的にはこの島への配備を諦めさせることができれば大勝利だ。住民の気持ちも安全も度外視して進める基地建設は失敗するという前例を積み重ねることも大きな力になる。とくに、若いお母さんたちの会が、誘致賛成派も含めてシンポジウムを計画し、大事な意見が対立するなかでも水の問題に限っては危機意識を共有できたことも大きかったと思う。まずは、反対の声を上げてきたみなさんにおめでとうと言いたい。

しかし、島を二分して住民投票までもつれこんだ与那国島は、見事に「軍隊の島」になってしま

った。28日の式典ではそれを目の当たりにした。迷彩服を身につけた隊員が、それまで島では見たこともない大量の軍用車両を乗り回す光景。山の稜線から飛び出す奇怪なレーダー施設の数々。軍服姿の人で溢れる空港。町のあちこちにかかげられた「自衛隊歓迎」の横断幕。活発だった反対運動も意気消沈して、発足式典会場に抗議に駆けつけたのは十数人だった。すでに沿岸警備隊は発足したものの、賛成・反対で口もきかなくなった島民どうしの絆は回復しない。電磁波の影響を恐れ、標的になることを恐れて島を出て行った人もおよそ200人いるという。果たして誘致派は、この状況に満足しているだろうか。

宮古島・石垣島の人々は、このあまりにも近くリアルな与那国の事例から、多くのことを学んでいるだろう。二束三文の土地を防衛省に売って土地成金になった人をうらやましいと思うか、工事関係者で予約が埋まる民宿の経営を見てそれをねらうか、はたまた変わり果てた島の風景から取り返しのつかないものの大きさを知るか。与那国町の副町長は自衛隊から人員を出すという提案が出ているが、そうやって地方自治まで手放すことになるのだと気づくのか。

いずれにしても、もう引き返せない与那国の要塞化を見てから賛否をじっくり考えるなどという時間を防衛省はくれない。もっと言えば、受け入れるか否かを島民が決めるチャンスさえ用意していない。今回の要請で、奇《く》しくも防衛省の担当者が口走ったが、彼らがつねに理解を求めると言う「当事者」とは市長であり、土地の所有者なのだそうだ。住民は蚊帳《かや》の外。軍事機密を錦の御旗に基地計画をつまびらかにすることを避けながら、住民に選択肢を与えない手法で時間をかけずに造る。そんな方針が今回、如実にあらわれている。

今回、宮古島は水源地のことでつまずいたものの、防衛省の施設担当は猛烈な巻き返しをはかるだろう。それでも、住民がひとつ勝ち取った感触を得たことは重い。抵抗しても無駄と思っていた多くの伏兵を揺り起こすことになるだろう。そして、国会前で3万7000人を前に宮古・石垣の旗をかかげて助けを求め、問題を共有したことも大きい。大手メディアが黙殺してもネットメディアがすくい上げていく。流れは少しずつ太くなっている。20年の闘いになろうとしている辺野古に比べれば、まだ1年にも満たない宮古と八重山の住民の抵抗だが、自衛隊には協力的だった翁長知事まで、先週「先島を要塞化することに懸念」を表明した。

琉球王府に抵抗した英雄・オヤケアカハチを生んだ石垣島も、人頭税と闘ったアララガマ精神の息づく宮古島も、離島苦を乗り越えてきた団結力と反骨精神は、島々の土に染みこんでいる。そこから起き上がってくるパワーが、西から戻って来る台風のように沖縄本島に逆上陸し、長年基地にあえぐ本島の邪気まで力強く払っていく。そんな夢を見ながら、今日は眠りにつきたい。

23

2016年4月13日
20年間、果たせない約束

人間、人生のなかでコツコツと長い年月打ちこめる仕事に出会うことは幸いである。失敗も成功も山あり谷あり。腐っている時期も、達成感を味わう時期もあるだろう。それこそ人生の醍醐《だいご》味《み》だ。しかし、なかには消せない染みのような「汚点」を抱える人もいるだろう。あのことさえなければ、と振り返ったときにズキッと痛むようなできごと。私にとっては、それが1996年4月12日に伝えたこのニュースだ。

20年前のこの日の夕方、当時の橋本龍太郎総理がアメリカのモンデール駐日大使とともに発表した日米合意。前年に起きた少女暴行事件以降、沖縄全土が怒りに荒れ狂っていたさなか、ついに日米両政府は大幅に沖縄に譲歩した。と思った。動かなかった大きな山が動いたと思った。朗報だと色めき立って、以下の発言をビッグニュースとして伝えてしまった。

「普天間飛行場は、今後5年ないし7年ぐらいに、これから申し上げるような措置が取られたあとに、全面返還されることになります」

すぐに街頭インタビューに飛び出す記者たち。報道部全体も浮き足立っていた。感慨深げに受けとめるデスクの言葉を聞いて、歴史的な瞬間に立ち会っているようで胸が熱くなった。

あの不幸な事件から半年、今度こそ本気で基地をなくすんだ、もしくは減らすんだという沖縄県民の本物の怒りと抗議の声が、基地の重圧を跳ね返した。報道もかなり貢献できたのかもしれない、などという思い上がりも手伝って、その夜は那覇の久茂地《くもじ》あたりでおいしいお酒でも飲んだのではなかったか。

その日は金曜だった。私は翌日も勤務で、土曜のデスクとともに朝刊を広げ、掲載されていた会見全文をあらためてゆっくり読んで、はじめて引っかかった。後ろのほうに書かれていた「沖縄県内に代替施設を建設」というくだりだ。「返還」ではなく「移設」なのか？　県内に新たに造るということ？　いまある米軍基地に統合するということ？　この点はもしかすると厄介な話になるのかもしれない。嫌な予感が一瞬、頭をかすめた。しかし、ほぼすべてのメディアが「全面返還」を日米両政府の英断のように伝え、沖縄の地道な抵抗の成果と強調した。「県内移設という条件」について、「条件つきなんて、ふざけるな！」というトーンはまだなかった。

しかし、まもなく撤去可能なフロート型施設をどこに置くのかという話が始まり、沖合埋め立て案に変わり、北部のどこにするのかという予定地探しの報道に移行する。これさえ本当に一から探してなどいなかったことは、あとからわかる。

浮かんでは消える候補地はあった。しかし、いま考えれば全部ダミーにすぎなかった。96年末の日米合意の直後、米軍の幹部が「１９６６年に辺野古に計画されたプランが有効だ」とメールでやりとりしていたこともスクープしたことがあるが、実際に辺野古以外の場所が真剣に検討された痕跡はない。しかし報道は振りまわされた。各地で反対集会があり、また振興策しだいだと柔軟姿勢を示す人もあらわれ、県民を分断する負のベクトルも動きはじめた。

もしもあの日、発表と同時に、県内移設が条件ならこんな合意は無意味だ！　県民どうしでいがみあわせるつもりか？　と地元局キャスターのひとりでも気炎を吐いていたら、世論を少しは変えられたのではないか。もう少し早く、米軍がベトナム戦争当時に計画していた大浦湾の軍港と滑走路の複合基地について情報をつかみ取材を進めていたら、沖縄サミットなんかで煙に巻かれる前に、政府の欺瞞《ぎまん》を白日の下にさらせたのではないか。

ＭＶ22オスプレイの配備ありきで、その正体は「移設という名の新基地建設計画」だったと、県内ではずいぶん報道したが、それをちゃんと全国ネットに放映できていたら、２０１２年に６機のオスプレイ飛来を中継するはめにならずに済んだのではないか。

まるで沖縄県民の悲しみに応え、誠意をもって普天間基地を返してくれたかのように伝えてしまった20年前の自分と、そのあとの努力、成果の足りなさを、この20年に何度呪ったかわからない。それを暴き、伝える最前線にいたのに何をやってきたのか。それを思うと、自分に対しても奥歯がすり減るほど悔しいのだ。

だから、「5年から7年」で返してくれると言ったのに、返してくれないまま20年経ってしまったことを確認しあう集会なんて個人的には行きたくもない。「わかってるよ！　どうにかしたいと、初動態勢が悪かったことを挽回しようと、がむしゃらに20年もがき苦しんできたこの年月の残酷さは、いちばん自分が知ってるから！」と大人気なく怒鳴りたい気分だ。

そんな自分の報道生活の汚点のために、いま私は放送局を辞めてまでこの問題に向きあうはめになっている。責任を感じているし、逃げてはいけないし、悔しいと思っている人間にしかできないことがあると思うからだ。

普天間基地の大山ゲートの前で開かれた集会には、それぞれに20年悔しい年月をすごしてきただろう仲間たちの姿があった。20年前のことは覚えていないけれど、辺野古にいつも来てくれる若者もいる。3年前のオスプレイ飛来のときに、身体を張って基地を封鎖する人たちを見て、それから自分の問題として毎日普天間の前に立つようになった方もいる。

そうだ。この20年、なにもできなかったとか、悔しいとか、凹《へこ》んだとか、私はネガティブなことばかり言うのが得意だけど、「傍観者ではだめなんだ」と動き出した人の数は気づいたらこんなに増えている。県知事以下、沖縄県民の8割が反対するまでに状況は変化している。

4月12日の夕方は、県庁前でオール沖縄会議主催の県民集会も開かれた。そこでも悔しさを口にする人はいたが、この20年で県民の意識が変わったこと、全国にそれが伝わったこと、この年月は無駄どころか必要だった、と言った初老の男性もいた。「復帰のときだって、あんなに時間がかかったけど成し遂げたさ。27年で終わると思わずにやったんだからね」。そう言われて、軽くめまいがした。そうか。復帰まで27年も粘り強く闘ったのだ。20年がなんだ。

集会決議は次の言葉で終わった。

「私たちは、県民を愚弄《ぐろう》した日米合意から20年目の今日、全国、全世界の友人とともに、次のことを成し遂げることを誓い、日米両政府に強く要求する。

・普天間基地の早期閉鎖と撤去

・オスプレイの配備撤回

・辺野古新基地建設断念」

20年前のあれは、まさに県民を愚弄する合意だった。そのことに気づくのに時間がかかってしまった自分が悔しい。しかしこの悔しさで、20年経っても同じことに執念を燃やしている自分を滑稽《こっけい》にも不器用にも思うし、また、とことんこだわれ！ と励ましたくもなる。

消せない染みの上からカバーをして、次のことに取り組むのも人生だったと思う。でも私は汚点さえ原動力にしたい。目を逸らそう、逃げようとする自分にだけは勝ちたい。96年の4月12日から20年目の今日、20年経ったことが受け入れられない自分と向きあいながら、そんな確認をした。

24

2016年4月20日

南西諸島に自衛隊を置く理由
——宮古島市長に切りこむ女性たち

先月末、日本最西端の与那国島に配備された自衛隊部隊（160人）の発足式典があった。沖縄が本土に復帰後はじめての自衛隊基地の新設。だが自衛隊は、これから石垣・宮古・本島・奄美に、次々とミサイル部隊を展開していく。南西諸島は中国をにらむ「軍事要塞」へと急速に変えられようとしている。島民の運命も、いつか来た道に引きずり戻されようとしている。

そんな流れをなんとか止めたいと、先週、乳飲み子を抱えたお母さんたちが宮古島市庁舎に詰めかけた。自衛隊配備を推進する下地敏彦市長に直談判するためだ。

「てぃだぬふぁ」の女性たちは怒っていた。彼女たちは、自衛隊基地と地下水の保全をめぐって学術的な検討が進められている審議会を、密室でおこなわないでほしいと要請していた。そして、市議会でそれが採択されたにもかかわらず、議事録が開示されないのだ。下地市長は「開示はするが、すべて終わって結論が出てから」と突っぱねている。

山や川がない平らな宮古島は、すべての水を地下水に依存している。ミサイル基地の配備計画は何も情報が明かされない。住民が不安におびえるのは自衛隊の是非以前の問題だ、と世論を高めていった結果、防衛省は先月末、突如「地下水審議会」に提出していた協議書を取り下げた。水源地にかかる福山地区への配備計画は、とてもではないが島民の理解が得られないと悟ったのだろう。福山地区の計画は事実上、白紙撤回となったのだ。

これで今計画の審議会はいったん終了するから議事録は公開されるはずだ。彼女たちはそう主張するが、下地市長は「審議会はまだ終わっていない」として、議事録の開示に応じない。「新たな候補地を選んで、ふたたび防衛省から協議書が上がってくるから、審議会は継続中だと解釈している」と苦しい理屈をこねている。

いったいどういう施設ができ、どんな運用が見込まれているのか、市として把握しているはずの情報さえ、まるで市民に公表されない。それなのに「疑問があるなら防衛省が説明会をすると言っているから、その場で聞いたらいい」「納得するかどうかは、みなさんしだいだ」とかわすだけの市長に対して、「てぃだぬふぁ」共同代表の石嶺香織さんは声を荒らげた。

「ちょっと待ってください。そしたら市長の役割って何ですか？　防衛省が市民に直接説明し、市民が防衛省に意見を言う。それだけですか？　防衛省の説明を受けて、宮古島市が市民に諮《はか》って、そして市民が受け入れるか受け入れないかを決める。そのプロセスが全部抜けてるんですよ。市長は市民の意見を代表するために存在するんでしょ？」

たたみかけて、楚南有香子共同代表が市長に問う。「市長は、有事の際、自衛隊は宮古島の市民を守るのが任務であると認識していますか?」。怒りに満ちた横顔はまるで切れ味の鋭いナイフのようだ。

「市民も守るし、宮古島の国土も守るんじゃないですか」と言う市長に対し有香子さんは続ける。

「有事の際の自衛隊の任務はまず『国土を守ること』です。国民の命を守るのは、国と地方自治体、行政の仕事です。有事の際の避難計画、国民保護計画も策定せず、自衛隊配備を推し進めるのは、宮古島市がやらなければいけない義務を放棄しているに等しい」

「防衛省の資料を見ますと、配備されるのはどう見ても可動式のミサイルです。島じゅうを発射台にできる。イコール、島じゅうが標的になるということです」「その上、防衛白書には、宮古海峡を宮古島と沖縄本島からのミサイルで挟み撃ちにすることによって、脅威である隣国の艦隊が太平洋上に出ないようにする、と明記されています。それは言われている『宮古島を守るための最小限の装備』でないことは明らかです。隣国の艦隊を宮古海峡で止めるのは何のためですか? 市長はどう考えますか?」。たたみかける彼女の顔を、市長の側近らが口をあけたまま見ていた。

下地市長は絶句した上で、「……島嶼防衛は必要だと思いますよ……」と、ようやく答えたのに対し有香子さんは語気を強めて言った。

「太平洋に艦隊が出て行くのを止めるんですから、答えはひとつ。アメリカを守るためです。宮古島への自衛隊配備が宮古島市民の生命・財産を守るためというのは、まやかしです」

ここまで責め上げられたら市長もかわいそう、と同情する方もいるだろう。なにも市長個人が、島民など存在しないかのような身勝手な日米軍事作戦を編み出し遂行しようとしているわけではない。ただ、自衛隊が来たほうが都合のいい、ささやかな事情があるだけだろう。本気で「警備員を置いておけば安心だ」と思うくらいの、人を疑わないハッピーな人なのかもしれない。

しかし、このお母さんたちが見つめているものは次元が違う。パワーの源が違うのだ。天から子を授かり、島の土にしっかり根を生やして太い幹で立ち、島の宝をこれから育て上げていくために、それを邪魔するものは利権だろうが国家権力だろうが、無限に伸びる枝葉で振り払っていく。雲を突き抜けて天の力をも動員するような「大地と神に守られた正しさ」は女性の天性なのだ。女性が神と呼応して家族を守りムラを守る。それこそ沖縄の祭祀の中心をなす信仰であり、とくに宮古島の女性のDNAの中に、色濃く脈々と受け継がれていると私は感じている。

市長に迫るときには迫力ある女性たちだが、一人ひとりはとても穏やかで可憐な女性だ。石嶺香織さんは宮古島の織物に魅せられて、宮古伝統の織りだけでなくあらゆる織物の可能性を追求して自宅に2台の機《はた》を置き、3人の子育ての合間に機織りを続けている。糸車をまわす彼女の左手に握られた白い綿がスルスルと糸になっていくようすを見て、この繊細な指で美しい布を織り上げるような女の子のどこに、市長に、そして国家権力に立ち向かっていく力があるのだろうと、ますます不思議に思った。

「てぃだぬふぁ」を立ち上げてまだ一年にもならないが、居ても立ってもいられなくなって、政治活動など無縁だったお母さんたちとつながり、がむしゃらに自衛隊問題に向きあってきた。でも、本当は一刻も早く終わらせて、ゆっくり機に向きあいたいと言う。

子育て期間は大変で、とても社会問題とは向きあえないと言う人も多いが、子育て期間だからこそ、子を守るために湧き出す無尽蔵のパワーが享受できたり、祖先や子孫、大地や神とのつながりからインスピレーションを得たりする体験ができるのかもしれない。彼女たちに限らず、戦争法案や原発問題で動きだした若いお母さんたちの団体を見ていて、そう思う。

今回の宮古の勉強会に、オリバー・ストーン監督や言語学者のノーム・チョムスキー氏など、世界の有識者と辺野古をつなぐ役割を果たしている女性、カナダ在住の乗松聡子さんが参加してくださった。沖縄の基地問題を英語と日本語で積極的に発信しつづけているなかで、南西諸島の自衛隊配備が沖縄だけでなく日本の命運を左右する問題だとおおいに危惧し、わざわざ宮古島を訪ねてきてくれたのだ。彼女はこう切り出した。

「まず、アメリカの人たちは、自分の国がよその国に800も1000もの基地を持っていることを知らない。ましてや、70年前に帝国日本をやっつける名目で上陸し、正義の味方であったはずのアメリカが、そのまま居座って沖縄を、日本を侵略し、植民地化しつづけているなどとは、夢にも思わない人ばかりなんですね」

そして、先島への自衛隊配備は日本のなかでこそ黙殺されているが、国際社会では決して小さなニュースではない、と指摘した。

「与那国島への100人だか160人の自衛隊配備なんて国際的に注目されていないだろうと思うかもしれませんが、そんなことはないです。だって日本の最西端で、問題になっている尖閣諸島の近くに日本がレーダー基地を置いたと報道されているんですよ。これを中国から見たらものすごい危機感、脅威、挑発として受けとめられる。英語で記事を読むと、ああ、日米が中国に対して挑発をしかけてるなってわかるんですよ。日本語で読むと、なんだか念のために自衛隊を置いておく、と思えちゃうんですけど」「海外から見たら、事実上の『日本軍』が戦闘態勢になった。それもレーダーだけでなくミサイル部隊を置いて、ディフェンスからオフェンス、攻撃態勢をつくろうとしていることは、しっかり世界に報道されています」

このところ私も、人に話すチャンスがあるたびに「攻撃機能をもった自衛隊の部隊を中国の近くに配備する。かつて日本はそんなことをした試しがない。これを中国がどう見るか。煽っているのはどちらなのか」と説明するが、県外だけでなく県内も含めて反応は鈍い。でも、それはとんでもない認識違いだと思う。

集団的自衛権を手にした自衛隊を「専守防衛なので、いわゆる軍隊ではない」などと思っているのはもはや日本人だけだ。自衛隊は今後、中国の台頭で軍事的なバランスの上では目減りする一方のアメリカ軍を支え、もとい、先に消耗する先兵となって、韓国軍とともに中国と向きあわされる、アメリカ軍の下部組織のような軍隊として縛られていくだろう。日本人が、南西諸島に警備員を置くつもりで自衛隊を置いているとしても、対外的には乗松さんの言うように、アメリカ軍とともに中国を威嚇する攻撃態勢に入ったとしか映らない。

防衛省は「島を守るための最低限のミサイル」と説明しているが、おかしな話だ。軍艦が近くから攻撃したら応戦できるかもしれないが、中国本土から射程圏内にある宮古島を攻撃されたら撃ち返せないのだから、どちらにしても島を守れない。逆に、中国が海洋進出しようと思えば真っ先に標的になるだろう。とりあえずは防衛白書にあるように、宮古―沖縄本島、宮古―石垣の海峡を通さないための飛距離のあるミサイルを置くのだから、それは「公海だが、通過する軍艦は、場合によってはここから攻撃する」と世界に宣言しているようなものだ。

どこかの国の船が公の海を通って、どこかの国を攻撃しに行こうが知ったことではない。武器がなければ眺めているしかない。ところが両側にミサイルを置いてしまえば、「友達」や「ボス」に「まずお前のところで止めろ。威嚇しろ」と言われたら断るわけにいかなくなる。それは誰にとって都合のいい装置なのか。ミサイルを置いたほうが安心だという人は、この点をよく考えてみてほしい。

25

ねらわれた開拓移民の集落
——石垣島への自衛隊配備
2016年5月11日

「いっさいの説明会を拒否する」「公民館を提供しない」

そうきっぱりと言い切った3地区のリーダーたちの写真を朝刊で見た今年1月、私は胸が熱くなった。辺野古でも高江でも、説明会の次は着工だった。そして説明会自体が決定的に、反対派と容認派がいがみあう構図をつくってしまう。基地建設に向けた「説明会」というのは鬼門で、重大な転機になる。3地区の人々は直感でそれがわかっていたのだろう。

降ってわいたような自衛隊のミサイル部隊の配備に揺れる石垣島。普通なら、容認派も反対派も「わからない点が多すぎる。まずは話を聞こう」となる流れだが、いや、説明会で既成事実化されるのはまっぴら。テーブルに着けば、かならず懐柔策や条件闘争に乗る人があらわれ地域が割れる。だから説明は受けないことを、それぞれの区民総会で決めたという。

1月16日、陸上自衛隊配備に反対する石垣島の地元3集落は、共同で抗議文を中谷防衛大臣に突きつけた。配備予定地に近い開南公民館（川平重治館長）、於茂登《おもと》公民館（嶺井《みねい》善《まさる》館長）、嵩田《たけだ》公民館（金城哲浩館長、いずれも当時）だ。

石垣島のど真ん中、沖縄でもっとも高い霊山「於茂登岳」のふもとに位置する3集落はいずれも開拓移民でスタートした小さな集落で、海からは遠くもっぱら農業を生業とする。

3集落のなかでも、とくに全会一致で反対決議をした於茂登地区は結束が固い。58年前に沖縄本島から移民してきた25戸の家から歴史が始まっている。内陸部のやせた台地に必死にしがみついて、苦楽をともにしてきた歴史を共有しているためか、土地への愛着が強い。

「58年前の5月19日に、こっちに親父なんかが来て、12月23日に家族が来た」「一次隊はその山からこっちを見て、川を渡って宿営所を建てて、そこに泊まりながら、持ってきたお家を組み立てて家族を迎えた」

嶺井善・前公民館長はサトウキビを刈る手を休めてすらすらと語った。開拓団がこの土地に入った経路から日にちから、51歳の彼が生まれる前の話なのに、まるで見てきたような口ぶりだ。入植当時を知る先輩たちが農作業をしながら、酒を飲みながら、くりかえしくりかえし自分たちの開拓の歴史を誇りをもって語ってきたのだろう。

ここに来たうちの3分の2は、戦後米軍に土地を取られて生活の場を失い、移民を選ぶしかなかった沖縄本島からの移民だ。家屋や農地を米軍に接収され、住むところも働く場所も奪われてしまった人で溢れかえっていたため、琉球政府が計画移民を実施した。南米など国外だけでなく、未開の地が多かった石垣島や西表《いりおもて》島にも開拓団を送りこんだ。そのなかで琉球政府として最後の移民になった於茂登は、いいところを取られたあとで、石ばかりの土地に泣かされたという。マラリアにかかるリスクも高かった。しかし水には恵まれていた。旱《かん》ばつや台風で何度か土地を放棄しようとするも、歯を食いしばって野菜や花卉《かき》園芸で成功し、不動の地位を築くまでになった。小さな集落だが、於茂登の家はどこにも手入れされた庭があって、競うように花が溢れていた。

「米軍に追い出されて八重山移民になった。難儀してここまで来たのに、また自衛隊の基地を造られるなんてありえない。意地でもここにいる。腹は決まっている。絶対に造らせない」

嶺井さんはもはや「青年」とは言えない年齢だが、エイサーで大太鼓を担当している。エイサーがさかんな沖縄本島中部の北谷《ちゃたん》からの移民として、石垣島にはなかったエイサーを毎年ここ於茂登のお盆の際に踊り、すっかり定着させていた。

「もう去年で引退だと思ってるんだけどな。今年はどうしようかな」

エイサーの話になると顔がほころぶ。いまだに米軍に奪われたままの故郷のエイサーを誇りとし、他島で60年踊りつづけた嶺井さんたちの暮らしに、ふたたび基地の暗雲が広がる。

嵩田公民館の金城哲浩区長は与那国の出身だ。マンゴー園とアセロラの栽培で、果樹園は軌道に乗っている。ここ数年は、まだ珍しいトロピカルフルーツの「アテモヤ」づくりに挑戦している。国連の職員になることを夢見て留学していた長男が2年前、熟慮の末、生まれ島で地域に貢献したいと島に戻ってきた。まだ認知度も低く未知数の「アテモヤ」を任せたところ、試行錯誤してマーケティングの知識も駆使しながら楽しんでやっている、と目を細める。せっかく息子と二人三脚で果樹園を盛り上げようと思った矢先、自衛隊配備計画を知って愕然とした。

「たとえ十分な立ち退き料をもらっても、果樹栽培は収益を上げるまでに10年、20年かかる。じゃあ代わりの土地で、というわけには行かないのです」

物腰の柔らかい金城さんは、ため息をついてそう言った。そして、3月から故郷の与那国島に自衛隊が配備され、島のようすがすっかり変わってしまったことについても肩を落とした。

「あの光景は、なんと言っていいか……。石垣島もやがてああなるのでしょうか」

4月22日、石垣市民会館で、はじめて防衛省主催の説明会が開かれた。予定地に近い自分たちの公民館での説明会は強く拒否した3区だったが、石垣市民全体への説明は聞いておく必要があると判断し、4月に交代したばかりの新旧の公民館長が揃って会場に向かった。市民会館の外では自衛隊配備反対を訴える声と、それをやめさせようとする誘致派の怒号が飛び交い、早くも騒然としていた。

300人しか入らない会場は超満員だった。誘致派の議員とその支持者が前の3列に陣取り、自衛隊側の説明にいちいち細かい拍手を送っていた。この島ではめったに見ない、胸に勲章のようなものをつけた制服の自衛官をはじめ黒いスーツの事務方が舞台側左手に陣取り、そのなかでも物腰の柔らかい沖縄防衛局の企画部長が説明に当たった。しかし、市民が知りたいこと——場所・規模・運用については、何も情報がなかった。説明の4割は、中国船の往来やスクランブル発進の増加など「いま、いかに日本が危なくなっているか」について。あとの4割は「熊本や東北の災害救助での自衛隊の活躍」。石垣島に配備する理由や、あらかじめ受けた質問に答える時間は2割ほどだったため、会場からは不満の声が噴出した。

資料は防衛省のホームページにあるような新味のないものだったが、石垣市民に「第一列島線」の重要性を説いたのには少し驚いた。中国から見て、彼らが太平洋に出て行くのをふさぐように連なる島々の線が「第一列島線」。日本列島から南西諸島、台湾に連なるその線を示しながら、「宮古島と沖縄本島のあいだを中国船が頻繁に通っている」ことを懸念材料と認識し、それを防ぐためのミサイル部隊の配備であることを隠さなかった。

配備に反対する人たちは、先島に自衛隊を配備するのは島民を守るためではなく、中国の太平洋進出を防ぎ、中国海軍の動きを第一列島線内に封じこめることが主たる目的であることを理由に挙げている。それは自分たちの島のためではないし、直接的には「日本への攻撃を防ぐ」効果もない。アメリカが中国の軍事的進出を止めるための、エア・シー・バトル構想の一環だということがわかっているからである。

「軍事的に非常に重要な地域」「宮古海峡を守る」とくりかえし強調していたが、たとえ軍艦が通過してもそこは公海であり、領土が侵されたわけでも経済水域が侵されたわけでもない。第一列島線と同時に日本の排他的経済水域の図を見せて、まるで船が通るだけでなにかが侵されているように錯覚させかねない説明になっていたが、「ここを通るな」と言う権利がないのに、門番のようにミサイルを配備するのは、誰にとっての安心のためなのか。

近隣国にとってみれば、航行の自由があるにもかかわらず「なにかあったら撃つよ」と構えられてしまうわけで、それならばと通過する側も万が一に備え、武器を島に向けながら通る、緊張した海峡になる。それは小競り合いの導火線になりかねないし、万が一、どちらかが一歩踏みこんだ行動に出る場合は当然、真っ先に自衛隊の島は標的になる。

百歩譲って「威嚇は抑止力である」としても、それは日本の国土・国益とアメリカの覇権を守るための配置であって、攻撃力をもった部隊と今後ずっと同居させられる島の住民の安全は、無防備だったころよりも間違いなく悪化する。第一列島線を守るという話は、多くの住民にそのことを気づかせてしまったと思う。少なくとも、中国が石垣島を領土にしようと攻めてくるとか、それと戦ってくれる部隊が来るという勘違いを拡大する歯止めにはなる。

配備計画の詳細がいっこうに明かされない無意味な説明会で、嶺井さんと金城さんは終始苦い顔をしていた。自分たちが人生をかけて向きあってきた、花が咲き、収穫がある恵みの大地を、「領土」や「海に浮かぶ発射台」としてしか見ない人たちを前に、やりきれない思いが溢れた。

戦後も軍事利用が優先され、島民の生活が後まわしにされた沖縄本島の辛酸を逃れて新天地に根を張った嶺井さん一家。急速に要塞化されていく最西端の島・与那国にルーツをもつ金城さん一家。怒号が飛び交うなかで、寡黙な二人が宿している深い怒りと悲しみに胸が詰まった。

しかし、石垣の自衛隊配備を止める闘いはまだ歩きはじめたばかりだ。誘致派のスピードに追いついていない印象がある。誘致派は今回の説明会で「段階は踏んだ」として、6月の市議会で誘致の請願の採択をねらう。時間をかければ辺野古の二の舞になると、短期間にまとめた与那国配備の成功に続けとばかりに、防衛省は作業を加速させていく。

26

2016年5月25日
蝶になったRINAさんへ
――元米兵による暴行・死体遺棄事件の衝撃

うりずんの　島の空　高く
黒い蝶が舞い　消えていった
緑豊かな　やんばるに育まれ
愛をいっぱい浴びて　笑って　まわりを照らして
そして　愛を確かめあった人と
命をあわせて　命を生み出し
愛のバトンを渡していく　はずだった
その命のリレーは　唐突に終わった
20歳の光り輝く日に

彼女の残した笑顔が
あまりに愛らしかったので
天の神さまは
舞い上がる蝶の　最後の記憶を　消した
愛の詰まった地上の記憶
それだけを持って
黒い蝶は　天に迎えられた
神さまは
蝶の最後の記憶を
黒い粉にして
おろかな国の民
すべての頭の上に
まんべんなく　降らせた
そして
光り輝く季節を終わらせ
島の人々が　心置きなく泣けるよう
黒い雲で覆った

3月に米兵が那覇で起こしたレイプ事件について、この連載でも書いた。あまりに五臓六腑を絞るように言葉を手繰り寄せて書いたせいか、その後具合が悪くなった。だから、軍隊と暴力とレイプの関係や、沖縄が70年も他県と違ういびつな社会構造のなか、告発する声さえ押し殺してきたことや、守れなかった島の男性たちの心をも壊すものであることや……そんなことはもう書きたくない。できればこの事件について何も書きたくない。事件の詳細は他で読んでほしい。ウォーキングをしていたら元海兵隊の男に突如棒で殴られ、性の捌《は》け口にされて、草むらに遺棄された。ここまで言葉を並べるにも、息を削るように不自然な呼吸になってしまう。このことについては冷静でいられない。

事件は4月末に起こったが、5月19日に元米兵の男が逮捕されたことをうけて、5月22日の日曜、米軍司令部の前で緊急追悼集会が開かれた。怒り悲しむ沖縄の女性たちの呼びかけに応じて、黒か白の服を着た人の列が道の両側を埋めつくした。シュプレヒコールも、マイクで叫ぶこともなく、静かに葬列のように歩きながら、満身の怒りをこめ「全基地撤去」を求めた。

「謝罪と再発防止」はもういい。今回はみなそう口を揃える。「綱紀粛正」「オフリミット」。それで何も変わらなかった。事件・事故のたびに、そんなごまかしで中途半端に抗議の拳を下ろしてきた自分たちが、なによりも呪わしいのだ。殺人・レイプ・放火など米軍の凶悪事件だけで５００件を超える。もしも過去の事件のどこかのタイミングで徹底的に抵抗して、基地を島から追い出していたら彼女の人生は続いていたのだ。

敗戦と占領で他国の軍隊との共存を余儀なくされた。でも、70年もその状況を甘んじて受け入れ、変えきれなかったのは誰か。私もそのうちの50年、少なくとも大人になってからの30年の責任からは免れない。新たな犠牲が出るまでこの状況を放置したのは、私。変えきれなかったのは私だ。

沖縄に住む大人たちだけの責任ではない。「戦争をしない」と言いながら、よその国の武力に守ってもらうことの矛盾には向きあわず、彼らの暴力を見て見ぬふりしてきた国民全員が、加害性について考えてみるべきだ。「安全保障には犠牲がともなう」などという言説に疑問ももたずに、武力組織を支え、量産される罪を許し、予測できた犠牲を放置した。彼女を殺したのは、元海兵隊の心を病んだ兵士かもしれない。が、彼女を殺させたのは無力な私であり、何もしなかったあなただ。

米軍の凶悪犯罪を、もうこれで本当に最後にしたい。あらゆる対策は無効だった。どうすればよいか？　すべての米軍に出て行ってもらうしかない。「いくらなんでも、それはちょっと……」と言いながら、解決策も提示せず、動かずにいる人は、次に起きる凶悪事件の無意識の共犯者だ。

「なぜね、命まで奪ったの？　と犯人に言いたい」。喪服を着て車いすに乗ったまま、文子おばあは泣いた。「凍りついたようになって、何も言えないよ」

SEALDs琉球のメンバーとして、基地問題に体当たりし、座りこみ、声を上げてきた大学生の玉城愛さん。同年代の女性が、暴力の末に草むらに捨てられていた事実を受けとめきれない、話せませんと、メディアのインタビューを辞退していた。「1995年の暴行事件は学んで、理解し、受けとめているつもりだった。でも当時まだ1歳で本当にはわかっていなかった。こんな私が人の前で言葉を発していいのか」。混乱する彼女に、沖縄の20代の声を代弁してもらいたいと殺到するマスコミの群れ。両者の気持ちがわかるが、痛々しい場面だった。

高江のゲンさん一家は家族みんなで集会に来ていた。ゲンさんは前夜、一人でもゲートを封鎖しに行くと言って夜中の北部訓練場ゲートに向かったという。震えるような怒りでいっぱいのゲンさんたちは、翌日から本当に行動に出た。この日前後から嘉手納基地、キャンプ・シュワブ、トリイステーション（読谷村）、北部訓練場、そのほか各ゲートで封鎖が始まった。

97年の市民投票のときからずっと辺野古の基地建設に反対してきた、瀬嵩《せだけ》に住む渡具知さん一家も親子で駆けつけていた。ちかこさんと私は、この20年お互いにどれだけ基地のことでがんばってきたか知っているだけに、悔しくて情けなくて二人で泣いた。

大学生になった武龍くんが言った。「昔、妹が早朝にランニングしたいと言ったけど、家族全部で反対したんですよ。シュワブの兵士も走っているからと。そのときはちょっと神経質かなと思ったけど、やっぱりこれが現実なんだと。散歩もランニングもできない。異常ですよ」

この息子に、基地だらけの島をプレゼントしたくない。そう思って渡具知さんご夫婦は自分たちなりの反対運動を始めたのだった。その息子が大学生になり、彼と同世代の女性が元米兵の狂気の犠牲になった。この家族が歩んだ20年を思っても、やりきれない。

基地に苦しめられ声を上げてきた方々と一緒にこんな日を、さらに苦しくなるような日をともに迎えるなんて。どの人と話をしていても、私も涙腺が決壊しまともにインタビューできなかった。

それはあのオスプレイが来た２０１２年10月１日と同じだった。95年の少女暴行事件、その少女の受けた苦しみを無駄にすまいとがんばってきたこの20年の日々は、これでもか、これでもかと打ち砕かれる。

しかし、今回の怒りはどこまで広がるかわからない。先週末から辺野古では「殺人鬼は出さない」とゲート前に立ちはだかっているし、高江でも少人数ながら車と横断幕で米兵の出入り口をふさいだ。ゲンさんたちは北部訓練場に入る民間の作業車は入れようとしたが、米軍車両が引かないために通れず渋滞ができた。でも、作業車の人たちにその事情を説明したせいか、足止めになってつらいはずの運転手たちも「仕方ない。同じ県民だからわかるよ」と答えてくれた。

沖縄県警も、この事件については思うところも多いのだろう。座りこみに対する対応も手荒ではなく、つらそうな表情をにじませる人もいた。いままで米軍基地に対して肯定的だった人や無関心だった人も、今回だけは許せないと動き出している。大規模な県民大会も６月19日と決まったが、今回は県民大会でガス抜きをするなどというかたちでは収まらないだろう。

20歳の輝く日に、突然未来を奪われた彼女の苦しみを引き受けよう。そして肉親や友人らが抱えていく二度と晴れない空を思って震えながら、いつか彼女が生まれてきた意味をみんなで肯定できる日を迎えるために、前に進むしかない。陳腐な怒りも涙も、意気消沈も、責任のなすりあいも、彼女のためにならない。次の犠牲者のためにならないのだ。

周囲の人たちの言葉から、愛に溢れて生きていた彼女の、まさに花開こうとしていた未来を思う。それが閉ざされた。とくに最後の数時間は、彼女の人生にふさわしくないので、記憶ごと地上に置いていってもらおう。私たちが引き受けますから、光り輝く記憶だけを持って軽やかに天をめざしてください。尊い使命を帯びたあなたの魂を、天がきっと癒すでしょう。そして、あなたが残した波紋が島を守る力になって、ついに暴力を払拭する日が来るはずです。みんなでがんばりますから、楽しみに見守っていてください。

27

住民説明会というフェイク

2016年6月15日

元海兵隊兵士である軍属が起こした無残な事件の発覚からひと月。沖縄はまだ深い悲しみとやり場のない怒りに包まれている。そしてとくに今回は、多くの県民が自責の念で苦しんでいる。容疑者が強姦と殺人容疑で再逮捕された。予想してはいても、続報が出るたびに、また歯を食いしばり涙目になる。ニュースに接してはため息をつく、そんな日々は続く。週末には事件に抗議する緊急県民集会が開かれる。あなたの娘であり、私の妹であり、恋人であったかもしれない、ごく身近な彼女を守れなかったこの社会を呪う慟哭《どうこく》は、まだまだ島を黒く覆っている。梅雨明けを告げる糸満ハーレーも済んだのに、沖縄の空はまだ暗く、重たい。

それでも、さらなる国防の負担を島々にねじこもうとする勢力は、悲しみに暮れる時間も与えてはくれない。3月末、日本最西端の与那国島についに自衛隊が配備されたのに続き、石垣島では4月末に1回目、5月末に2回目の防衛省主催の住民説明会が、たたみかけるように済まされた。そして用地取得費用の予算化も決まり、水資源の問題で難航する宮古島のスケジュールを追い越さんばかりの勢いで、石垣島の要塞化計画は加速している。

前述したように、地下水に頼る宮古島では、水源地の上に描かれた駐屯地計画を一度撤回させた。反対する住民たちは国会前に行って訴え、防衛省に撤回を要請し、島では誘致派も巻きこんでシンポジウムを開き、議会に請願を出し、市長に面談を申し入れ、取材する側がついていくのがやっとというほど全力で動きまわっている。この数カ月、宮古島市民の底力には圧倒されっぱなしだった。とくに「てぃだぬふぁ」の活躍は目を見張るものがあった。石垣で先におこなわれた説明会のビデオを即日入手して研究し、資料を読みこみ、宮古での説明会では本当の意味で疑問に答えてもらい問題点を共有する場にしようと勉強会を重ねてきた。そしてついに先週末、宮古島初の防衛省主催の説明会を迎えた。彼女たちは前日も遅くまで作戦会議を開き、シミュレーションをくりかえした。誰が指名されても、データも示しながら言質《げんち》を取ろうと、準備万端で会場に入った。

一部の住民は、まずは宮古島の市長の説明を求めるべきで、それがないかぎりアリバイづくりの説明会には協力しない、と会場に入らずに抗議を続けた。ボイコットという抵抗のかたちは石垣でも実践されている。こちらも筋は通っている。

しかし「てぃだぬふぁ」共同代表の石嶺香織さんは、国に直接強い反対の意思を示し、次の抵抗につなげる鍵をつかもうと、3人の子の手を引いて会場に乗りこんだ。最近、香織さんの夫は、のめりこみすぎている彼女を心配して「ブレーキも必要じゃないか」とたしなめた場面もあったそうだ。しかしこの日は会場の後ろで子守りを引き受けてくれ、香織さんは最前線で防衛省と対峙した。

水問題に対する不安、中国への恐れから自衛隊を歓迎する声のほか、さまざまな疑問が上がった。なぜ修正した計画も水源地の近くなのか。なぜ場所の変更ができないのか。防衛省は、軍の機密にかかわるからなのか「全部は説明できない」という回答をくりかえし、会場のいらだちは募る。自衛隊や国防に理解のある島民にとっても地下水の汚染は死活問題だ。

ようやく指名された香織さんは「まずは地下水を守る審議会に諮るべきだ」と述べて、その理由と活断層のこと、ふたつをぶつけた。しかし欲張りすぎたのか、会場からは「早く質問しろ」と野次が飛ぶ。疑問がひとつも解決されないフラストレーションで、賛成、反対、未決定、いずれの市民も不信感だけが増していった。香織さんはじめ、事態を打開したいと切なる思いで臨んだ参加者も、いずれも空中戦のまま時間切れを迎える。

私はこの2カ月で三つの説明会を見た。いずれも沖縄防衛局の森浩久企画部長が説明にあたった。とても穏やかに、誠意をもって忍耐強く話されている印象がある。たいへん誠実で理性的な方だと思う。しかし、彼の態度とは裏腹に、説明される内容は要点をずらした同じ話ばかり。礼儀正しく丁寧な口調ではあっても、「住民の疑問に本気で向きあう誠意」は、ない。

「ＦＡＫＥ」という文字が浮かんだ。そうだ。これはすべてフェイク、この場は偽物なのだ。

「住民に誠意をもって丁寧に説明し」「住民のご理解をいただいて」「住民の安全はもちろん最優先で」……沖縄に基地を押しつける場面では、これが国側の常套句だ。しかし、人権を奪うような理不尽な生活環境を強要しながら、いくら「丁寧に」説明しても「ご理解」を引き出せるわけがない。それでも何百回もくりかえし、催眠術よろしく「丁寧に」説明を重ねれば「思考停止」や「麻痺」、「諦め」から来る「ご理解」をもぎ取れるのかもしれない。

今回、宮古島に配備される地対艦ミサイル部隊は、敵の軍艦が宮古海峡を通れないようにするためのもの。それは説明会でも言っている。宮古島への直接攻撃に対応できる装備ではない。しかし、「それが島の安全のため」と100回言われれば、私たちを守るためなのね、と信じたほうが楽になれる。そうなのだ。理性で理解させるのは無理でも、最終的には思考停止でもいい。最悪、そこまでもっていくのが彼らの任務なのかもしれない。

しかし、この任務はいったい誰の幸福や利益のために遂行されているのだろう？　南西諸島の軍事要塞化を、ここまで住民を置き去りにしてでも無理やり進めようという意思はどこから生まれてきたのか？　天の上でＦＡＫＥな説明会の糸を操る主は、その顔が見えない。

ひとつ確かにわかることは、森さんをはじめ、ここにいる防衛省の担当者が自衛隊基地を造りたい本体ではないこと。しかし、みんなで示しあわせて大事ななにかを隠していること。そして、誰ひとりとして楽しそうではないこと。いったい、このしくみを動かしているのは誰なのか。

私はいま、5年前に自衛隊幹部の教育機関「統合幕僚学校」がまとめたリポートを読んでいる。500ページにもおよぶ膨大な量で、諸外国の最新の軍事情報の調査研究から、将来の防衛計画につなげる目的でまとめられたものだ。驚くのは、ここに示唆されていることが怖いほどすべて、この5年で実現されてしまっていることだ。報告の中核は2011年にアメリカ国防総省が打ち出した「エア・シー・バトル構想」を受けての提言であり、日本の自衛隊は、これに積極的に貢献するべきだと訴える。そのためには集団的自衛権をはじめ、武器輸出の解禁、民間からの徴用などが必要だとしていて、なんとこれはすべて安倍政権が実現させている。

さらに驚くのは、戦争や内乱、災害時に憲法を停止させ内閣が強権を掌握できる「国家緊急事態法」の整備についてもふれている。熊本地震発生の翌日に菅官房長官がすかさずこれに言及したのも、国防上必要だとする、このような報告書の内容が基底にあったのか。また、防衛産業の育成の必要性にも言及しているが、それも目下進んでいる。となると、ここに書かれている下地島空港の軍事利用や、憲法改正までも現実になりはしないかと不気味な感覚におそわれてしまう。なにより、自衛隊のトップが「国防上必要だ」と提言した内容がほとんど実現していく国というのは、軍部に決定権がある軍民統制と変わりがないではないか。それとも、このリポートの提言と現実が一致したのは単なる偶然にすぎないのだろうか。

友人でもある矢部宏治さんの『日本はなぜ、「戦争ができる国」になったのか』（集英社インターナショナル）を読み進めるうちにようやく飲みこめたことがある。数々の日米密約と戦後史の謎に迫ってきた矢部さんは、今回は自衛隊の指揮権の問題に進んでいく。これから読む方のために詳細は省くが、一行で表現するなら、今回の謎は「日本人に公表はできないが、有事の際、自衛隊はアメリカの指揮権下に入る。そのことは吉田茂をはじめ日本のトップが保証してきた」という事実だ。

沖縄にいると日々のニュースで軍の動きが取り上げられるので実感するのだが、この十数年、日米の合同演習・共同訓練が頻繁になり、基地の共同使用が進み、その内容を見ると、自衛隊はこのまま行けば米軍の下部組織のようになってしまうのでは？ という疑念を払拭できずにいたが、なんのことはない。最初からアメリカのために作られ、アメリカの意の範囲内でしか動けない軍隊だったということのようだ。それならやはり日本は、軍事的には植民地のままということになる。

統合幕僚リポートでは、先島の軍事要塞化とおおいにかかわりがあるエア・シー・バトル構想についても、米中の軍事衝突を想定し、南西諸島を「主戦場」と位置づけていることをはっきり認めた上で、この地域の防衛強化を叫んでいる。そもそもなぜA国がB国の優位に立つために、われわれが自国の領土を戦場にされなければならないのか。まったく理解不能だが、矢部氏の指摘通りであれば、日本は「アメリカの作戦を離れては、どんな国防も不可能」という絶望的な地点に行き着いてしまう。なぜいまこの話をするかというと、この密約や、日米70年のもつれた歴史を理解せずには、今回の説明会のちぐはぐな感じの原因が見えてこないからだ。民主的手続きを装った住民説明会で防衛省の役人が放つ言葉の嘘くささの病巣がどこにあるのか。生活者の危機感とまっとうな言葉が空中分解する、この異空間の正体が見えないのだ。彼らはがんじがらめの限界の中にいるのかもしれない。なかには悩むことなく、日米協力こそが唯一の安全策だと信じこんでいる人もいるのかもしれない。そうだとしてもなお、やはり私には解せない。そのためにこの島々が主戦場になるという想定を、なぜやすやすと受け入れるのか。戦争にならないための軍備だなどと、沖縄戦の教訓も軽んじて、簡単に言ってしまえるのか。

それならいっそのこと、こう言ってほしい。「第一列島線から中国の軍艦を出さないというのはアメリカの軍事戦略です。それに乗っかって一応この島にミサイルを置きますが、いやなに、絶対に発射なんてしませんよ。そんなことをしたらここが戦場にされちゃうんで、そういう事態にならないことを保証します。心配ないです。協力するふりをするのも抑止力です。でもこの軍事作戦は日本にとってまずいので、違う方向に変えてみせます。絶対に。10年以内に！」と。

国防に携わる仕事には苦しい事情がたくさんあるだろう。でも島民には、どこかで本音で語ってほしい。自分の家族を守るのと同等に、宮古島や石垣島の島民の命がなにより大事だ、と説得してほしい。国防に関することだからといって、騙しも誤魔化しも当たり前だと思わないでほしい。こっちも命がかかっているし、子どもたちの未来がかかっているのだから、どんなことをしても嘘を暴いていく。が、なぜ国民の安全を守ろうという人たちと、こんなに対立を続けなければならないのか。国防が仕事だという人たちと、沖縄は何年、悲しい、虚しい応酬を強いられなければならないのか。お互いに不幸なだけではないか。

防衛省のみなさんにお願いです。国境に生きる私たちの命を本気で守るつもりがあるなら、もっともっと違う言葉が用意できるはずではありませんか？　危険や負担はともなうけれど、全力で軽減させるから協力してほしいと、腹を割って、誠意をもってぶつかってきてから、はじめて議論が始まるのではないですか？　ＦＡＫＥで押し通すのはもうやめにしませんか？

28

２０１６年６月22日

「風《かじ》かたか」になれなかった悲しみ

——６・19沖縄県民大会

米軍属暴行殺人事件を受けた「６・19沖縄県民大会」のオープニングが古謝美佐子さんの「童《わらび》神《がみ》」と聞いて、これはたまらないと思った。心で聴いてしまったら崩れ落ちるから、撮影なのだと心に鍵をかけて仕事に徹した。それをやりすごしたのに、ＲＩＮＡさんの生まれ育った名護市の稲嶺市長が、「『風かたか』になれなかった」とスピーチしたとき、やっぱり号泣してしまった。「風かたか」とは風よけのこと。沖縄以外の方にはそれだけではわからないと思うので、古謝さんのお書きになった歌詞とその意味を全掲する。訳はあまりしっくりくるものが探せなかったので、僭越ながら私流でさせていただいた。

「童神」　作詞　古謝美佐子

天からぬ恵み　受きてぃくぬ世界《しけ》に

生まりたる産子《なしぐわ》　我身《わみ》ぬ守《む》い育《すだ》てぃ
(訳)天からの恵みを受けて　この世界に生まれてきたわが子よ
　この身であなたを守り育てましょう
イラヨーヘイ　イラヨーホイ
イラヨー愛《かな》し思産子《うみなしぐわ》　泣くなよーやヘイヨーヘイヨー
(訳)私が生んだ愛しい子よ
太陽《てぃだ》ぬ光受きてぃ　ユーイリヨーヤ
ヘイヨーヘイヨー　まささあてたぼり
(訳)太陽の光をいっぱい浴びて　秀でた子になりますよう

夏ぬ節《しち》来りば　涼風《しだかじ》ゆ送てぃ
冬の節《しち》来りば　懐《ふちゅくる》に抱ちょてぃ
(訳)夏がくれば涼しい風を送りましょう
　冬が来れば懐に抱きましょう
月の光受けて　大人《うふっちゅ》なてたぼり
(訳)月の光を受けて　立派な人になってください

雨風《あみかじ》ぬ吹ちん　渡るくぬ浮世《うちゆ》
風《かじ》かたかなとてぃ　産子《なしぐわ》花咲かさ
（訳）渡るこの浮世　強い雨風が吹きつけるだろうが
　私が風よけになって　この子の花を咲かせてやりたい
天の光受けて　高人《たかっちゅ》なてたぼり
（訳）天の御加護をいただいて　人徳のある人になってください

親の愚かさだろうか。夏は団扇《うちわ》で手がしびれるほど風を送りつづけ、寒い日は体温で温めて幼子を守り抜いたその習いで、20歳を超えた私の放蕩《ほうとう》息子に対してでさえ、大きな波が来るならせめて防波堤にでもなりたいと思う。それが母の性《さが》だ。太陽と月と、天の神やご先祖様、得られる恵みはすべて受けて立派な人間になってほしい、花を咲かせてほしいと願うのは、万国共通の親の思いだろう。そして、できることなら世間の荒波を渡っていく段になっても、わが子の「風よけ」になりたい。この歌詞にたどり着いたとき、沖縄女性の多くが顔を覆っただろう。守ってやれなかった。胸が張り裂けるような痛恨の思いが会場で共有された。

人生、楽よりも苦が多いだろう。そして、晴れの日より雨風の日が人を強くするかもしれない。しかし、その雨風でさえ和らげてあげたいと思う親心を歌ったこの歌の切なさに身を震わせた次の瞬間、こみあげてくる憤りは、くりかえされる米軍の事件・事故・暴力が、人生につきものの「雨風」なのかという強い疑問だ。米軍に占領された27年は言うにおよばず、復帰後の44年のあいだでさえ、凶悪事件だけで570件あまりなのだ。沖縄の大人たちは、どれだけがんばれば弱い者たちの「風よけ」になれるのか？　「国民の安全のために米軍と暮らしなさい、我慢しなさい」と言われ、戦車が空から落ちてきたり、流れ弾が飛んできたり、学校にジェット機が落ちてきたり、幼女が切り裂かれたりした。そのたびに幼子を守りたいと右往左往し、守れなかったと泣き崩れる親たちがいた。その悲劇が絶えることなく70年続いた上で、またも「風かたか」になれなかった、と涙ぐむ稲嶺市長の心が、本土の親たちにわかってもらえるだろうか。

今回の大会で印象に残ったのは若者の発言だった。

玉城愛さんの「第二の加害者は誰ですか」というストレートな表現。元山仁士郎くんの「普通に行ってきます、行ってらっしゃいと送り出し、ただいま、お帰り、と迎える。そんなごく普通の暮らしを守りたいだけなんです」という素朴な視点は、よくあるリーダーたちの挨拶より共感を呼んだと思う。焼けつくような日差しの下、熱中症で運ばれていく人も続出する過酷な環境のなかでも、彼女が受けた苦しみに比べれば、とみんな心をひとつにして大会を支えていた。しかし、1時間が過ぎたころから私は胸が重苦しくなってきた。熱中症か？　いや、なにか胸騒ぎというか、もどかしさにも似た気持ちが空まわりしていた。

1995年の少女暴行事件で8万5000人が集まった県民大会に始まり、教科書改ざん問題、普天間基地県内移設反対、オスプレイ配備撤回と、何度も大規模な集会を持つことで、沖縄県民は民意を示そうとしてきた。しかし、厳しく振り返れば、どの要求も通っていないし、沖縄県民が抑圧されている構造を何も変えられていないのだ。集まってみんなで拳を上げたって、決議文を採択したって、それを持って政府に行くまでがピークで、その先は何も変わらない。

だから、県民大会は「やるだけやった」という県民のガス抜きでしかない、という批判も出る。結局は政治的な事情に怒りがからめとられて終わるのがやるせないと、「県民大会離れ」する人もいる。それでも今回だけは、あれだけの残虐な事件の怒りと悲しみを引き受けた今回こそは、二度とくりかえさないために、本気で状況を変えるしかない。集まって留飲を下げただけとは言われたくない。お題目を連呼して、あとは天任せという無責任なことはしたくないという気持ちは大勢の参加者のなかにあったはずだ。そういう大会にするためにはどうしたらよいのか。6万人あまりのエネルギーをどこに向ければよいのか、開けるべき扉がどこにあるのか、半歩先が示されるような展開を、県民大会のなかに私は望んでいたのだ。

最後に「海兵隊は撤退を」のプラカードを全員でかかげた絵は壮観だった。だが、このときに私は自分の中の重苦しさの正体に気づいた。勢いのある映像は結構だ。でも海兵隊撤退と本気で言うならば、全面撤退に追いこむためにいますぐ動くべき、いくつもの提案があるべきだった。それに呼応する会場の熱気が希望になるはずだったが、私は見過ごしたのだろうか。次の行動を示唆するスピーチがあってほしかった。海兵隊をなくすことがほんものの追悼だというなら、それをどうかたちにするのか、「オール沖縄」としての覚悟や具体案がどんどん飛び出すような場になってほしいという期待が満たされず、目の前の光景とはちぐはぐな印象が、自分の中で焦りとなって蓄積していた。

「これで本当に最後の県民大会にしたい」。文子おばあをはじめ、多くの人が同じことを言った。でも、数を集めて見せるだけではだめだった。大会を開くだけで政府にアピールするという期待はもたないほうがいい。本土へのアピール？　これも、この県民大会への反応をネットで少し探すだけで「オール沖縄は全沖縄ではない」「本土の活動家だらけ」「5000人しかいない」「過激派の旗だらけ」「政治利用」と、これでもかというバッシングに溢れている。現場に来ることもない誹謗中傷に反論する気もないが、「童神」に涙し「月桃」が歌える群衆が沖縄県民でなければ何なのか。もう、政府や本土へのアピールという目的なら、県民大会は虚しいのかもしれない。気持ちを示したら本土の人々は考えてくれるだろう、なんて考えは捨てたほうがいい。

では、何のために集まるのか。本当に「最後の県民大会」にするための覚悟を確かめあい、知恵を出しあい、共有し、作戦を練る場。集まった人たちから勇気をもらい、自分がやるべきことを確認できる集会。まさに県民どうしが未来につなげるための県民大会に、目的を整理したほうがいいかもしれない。たとえば会場にいた6万5000人のうち100人に1人でも、辺野古のゲートにやってきたら、どんな工事もできないだろう。もし10人に1人がいっせいに近くの基地に押し寄せたら米軍も真剣に撤退を考えるだろう。6万人というのはそういう数だし、自覚しているよりもっと大きな可能性を秘めている。自分たちの力を何度も結集させるためのメソッドとして集会を位置づけるのもいいかもしれない。

この島に生まれたＲＩＮＡさんの命を６万５０００人で慈しみ、抱きしめた瞬間。それはかけがえのない時間だった。さらに、彼女が受けた最期の苦しみを引き受けて、彼女が生きた証を沖縄の苦難の歴史の大転換点にできるかどうか。あの集会に集まった私たちは、その課題を抱えて走りだしたのだ。県民大会は帰結ではなくて、現状を打ち破るためのスタート地点だった。

文子おばあが言う。「人の命をもって何も変えられないなら、あと何があるの？」

87歳の老女が、次の世代の「風かたか」になろうと毎日ゲートに立っている。私も、ちゃんと役割を果たしたいと思う。

29

2016年6月29日

祈りなしには平和はつくれない
——71年目の慰霊の日

なぜ6月23日なんだろう。恨めしく晴天をにらむ。毎年この日は不思議なくらい雨にならない。これが1月23日なら、こんな殺人的な暑さに苦しまないで済むのにと、熱中症寸前の頭で詮《せん》ないことを考える。沖縄で取材活動をして22年、毎年炎天下をうろうろしている。しかしこの暑さは、自分にくりかえし刻みこまなければならない暑さなのだ。

１９４５年の6月23日に、沖縄戦を戦った第32軍のトップ牛島満中将が自決し、組織的な戦闘が終わったとされる。国内唯一の地上戦で住民の４人に１人が犠牲になった沖縄県では、この日を「慰霊の日」とし公休日にしている。実際に牛島が自決したのは1、２日前だったという説が有力で、また23日以降も離島や山間部では戦闘や「特攻」も続いていた。だから23日の意味を突き詰めると空虚なのだが、それでも毎年、学校は6月に合わせて平和教育をし、メディアは特集を組み、各地の慰霊碑の前は花と線香でいっぱいになる。激戦地・摩文仁の丘に総理大臣までやってきて黙祷をする。12時にはショッピングセンターでも事業所でも、同時に黙祷をする。71年経過しても、やはり6月23日は沖縄にとっては特別の日だ。

沖縄戦で亡くなったすべての人の名前が刻印された「平和の礎《いしじ》」。猛暑を避けるため、日の出とともに遺族たちが水や花を手に訪れる。あの激戦を奇跡的に生き延びた方々は、もうかなりの高齢になっている。しかし参拝者が減っているかというと、そうではない。子や孫の世代が、ひ孫を連れて手を合わせにくる。この強い光、地獄のような地熱と湿気のなか死線を彷徨《さまよ》った親や祖父母の体験を重く受けとめようとやってくる沖縄県民の姿を、私たちのカメラチームも熱中症と闘いつつ早朝から夕方まで撮影した。

大きくため息をついて、近所の一家6人が全滅したと説明してくれた男性。彼の姉は陸軍病院の看護婦だったのだろうか、ひめゆり学徒の生徒たちの指導にあたっていたという。北から攻めてきた米軍に対して、もしも牛島司令官が首里《しゅり》城地下にあった司令部で降伏していたら、首里から南の地域は戦場にならなかった。ところが、作戦上の勝ち目はなかったにもかかわらず、本土防衛のために持久戦で時間を稼ぐという目的で、日本軍は最南端の摩文仁の丘まで撤退した。中部・北部に比べ南部にはたくさんの住民が避難していることは百も承知だった。日本軍が南部に撤退さえしなければ、住民の犠牲者の8割は助かったという数字もある。

軍隊は国(国土・「国体」)を守るための作戦に従うのであって、戦闘地域になってしまった場所の住民を守る機能はない。沖縄県民を救ってくれるはずもなかった。もっと言えば、第32軍自体が最初から持久戦ののちに玉砕する運命だった。沖縄県民同様、本土防衛のために捨て石になった部隊だった。物資・食糧の補給もなく住民から奪うほかなかった。その結果、沖縄で軍隊はひどく残酷な存在になった。

日本軍は

住民を助けなかった

住民から逃げ場を奪い（壕《ごう》を追い出し）食糧を奪った

住民がスパイになると言って殺した

住民どうしで殺しあうように「集団自決」に追いこんだ

戦闘の邪魔になるので強制移住させ、マラリア罹患《りかん》死させた

沖縄戦についてはいくつも番組や特集を作ってきた。知れば知るほど、軍隊の論理の残酷さに震えることばかりだ。まさに皇軍のなれの果て。きれいごとではない。大小の離島で構成する沖縄県では、日本軍が駐留していた島にばかり犠牲者が出た。陣地があるから攻撃されるし、兵士がいるから戦闘になる。軍の機密があるから殺される。軍隊のいなかった島の住民は、あっけなく捕虜になったので命は取られなかった。沖縄戦の体験者が「軍隊は住民を守らない」と異口同音に言うのは、動かしがたい実際の体験があるからだ。

しかし、どうだろう。いままた「隣の国が怖いから自衛隊に守ってもらおう」「沖縄は中国に近いから軍備をしっかりしないと」という人が激増した。沖縄戦の教訓を知らないのか。軍隊がいれ

ば安心という論理なら、なぜ日本は攻撃されたのか。軍隊が住民を守ってくれるなら、71年前、日本で唯一10万人余の兵力で固めた沖縄県の人間ばかりがなぜ死んだのか説明がつかないではないか。25％の住民が死ぬはめになった県が、ほかにあるのか？

「まだ戦は終わっていない」

「また戦に向かっているようで怖い……」

戦後71年も経ってから、こんな言葉を聞くことになるとは。たとえば昭和が終わるころ、30年前の私が、２０１６年の未来にこんな台詞を多くのお年寄りから聞く世の中になると思っただろうか。有事法制、特定秘密保護法、安保法制、これはかつての国家総動員法と軍機保護法という戦時体制を確立させた法体系の再現だ。そして、ついに憲法改正がかかった今回の国政選挙（２０１６年7月10日参院選）であるが、国の根幹が揺らいでいるという危機感は、残念ながら感じられない。

昼12時の黙祷を挟んで開かれる県の追悼式典は、ＶＩＰが出席しＮＨＫが進行する。個々人が死者を追悼する姿は撮影していて心が動くが、こちらはどうも苦手だ。遺族会が菊のご紋をデザインした旗で行進してくるのを複雑な気持ちで見つめる人もいるだろう。追悼の対象はすべての戦没者だから、米軍も、昔の日本軍に敬意を表する自衛隊も参列する。ある意味、画期的な式典のかたちとも言える。しかし、こういうのを嫌う人々は、名もない野ざらしの遺骨を積み上げた骨塚である「魂魄《こんぱく》の塔」の慰霊祭に向かうのだ。平和祈念公園から近いので、私は毎年そちらに顔を出している。でも今年は自衛隊配備に揺れる石垣島を取材中なので、石垣で慰霊の日をすごすことにした。

私はこのところ、石垣島のある女性に夢中だ。78歳の山里節子さん。少女のような純真さと、英語の資料も読み解く聡明さ、権力と闘うときの強さとしなやかさを両方もっている女性だ。しかも、私の大好きな八重山の歌「とぅばらーま」の歌い手なのだ。15年前に観光開発問題でインタビューをしていたが、今回の自衛隊問題で再会。彼女の強い信念に敬服した。

石垣島の登野城《とのしろ》に生まれた節子さんは戦争当時7歳。マラリア有病地帯に押しこまれて、母と祖父を失った。米軍が上陸したら作戦遂行上、住民は足手まといだ。当時は死の病だったマラリアにかかることがわかっていながら日本軍は移住を命じ、住民はことごとくマラリアに苦しみ、およそ3700人が命を落とした。たまたまマラリア蚊がいたという問題ではない。軍事作戦上、緩やかな集団死に追いこまれたのだ。節子さんは「軍隊は住民を守らない」と書かれた横断幕を持って自衛隊の石垣島配備に反対している。軍隊の本質を知る者として、黙っていられないのだろう。

しかしそれだけではない。彼女は戦後、琉米文化交流の名のもとに石垣島にできた文化センターで英語を学び、18歳のときにアメリカの学者たちによる島の地政学的な調査研究の助手に抜擢された。通訳兼地元の案内人として、リュックにたくさんの石を入れて、学者の踏査について回った。やがて英語がぺらぺらになり、海外キャリアのキャビンアテンダントに採用される。アメリカ人の友人もたくさんでき、小さな島から世界を見つめるなかで、自分が協力した米軍施政権下の調査は、ほかでもない軍事利用目的の調査だったことに気づく。ふたたび自分の島を軍隊に差し出すための手伝いをしてしまった。長くその後悔に苛《さいな》まれたという。日本からもアメリカからも、つねに沈まぬ空母としか見られない生まれ島。だからこそ、またしても軍事要塞にされ、自衛隊に島の運命を変えられてたまるか、という危機感が節子さんにはあるのだ。

節子さんは今年の慰霊の日、いまこそ「おばあ世代」が反戦平和に本気になるときだと考えて、官製の慰霊式典ではなく、自分たちで「戦争マラリア」の悲劇を受けとめ平和を祈る儀式をすることにした。二度とこの島を戦場にしない。その約束を死者たちと交わしたいと、仲間に参加を呼びかけた。「御願《うがん》」をして「新世節《あーらゆーぶし》」と「月桃の花」の2曲を歌うこと。そのあと語りあうこと。それだけだが、早朝から10人が集まった。

「祈りだけでは平和は来ないかもしれないけど、祈りなしでは平和は来ない」

神頼みだけでは平和はつくれないけれど、祈る心の中に平和をつくる種がある、と節子さんは言った。彼女が選んだ歌「新世節」は、戦後、新たな平和な世の中になったことを祝う歌で、「戦世《いくさゆー》」ではない平和で豊かな世界を「昔世《むかしゆー》」「神ぬ世《かんゆー》」と表現している。

八重山でさかんに使われる言葉に「弥勒世《みるくゆー》」というのがある。節子さんはそれこそが「戦」の対極にある言葉だという。平和というよりもっと満ち足りた、過不足のない幸せな状態を指す。八重山では、弥勒菩薩が変化した「ミルク神信仰」がさかんで、祭りでは豊穣の神「ミルク神」がもたらす「弥勒世果報《みるくゆがふ》」が満ち満ちている「弥勒世《みるくゆー》」が早く来ますように、と祈る場面が多い。

もうひとつ「世《ゆう》ば直《なう》れ」という、呪文のような言葉が島にはある。とても素敵な言葉だ。これは宮古島でも「ユヤナウレ」として、さまざまな神歌に共通してくりかえし出てくる。直訳すれば

「世直し」だが、理不尽な苦しみから解放され、不条理な世の中が正しく直っていくさま、待ち望んだまっとうな世界に近づいていきますように、という祈りの一節だ。また、会合がお開きになるときにも「ユウバナウレー」と言って別れる。これは、すべてがうまくいきますように、Good luck! のような使い方だろう。言葉は祈りから生まれたというが、予祝《よしゅく》の言葉をかけあう文化は古今東西にある。それは言葉の呪力を信じるから。祈りの力が、実際に幸せを引き寄せると信じるからだ。

「世《ゆう》ば直《なう》れ」

争いのない、貧困も飢餓もない、豊かで満ち足りた世界。それが遠くない未来に島にやってくるという具体的なイメージを歌い、祈り、言葉をかけあって、みんなで共有することが、共同体には必要だったのだろう。しかし、いまの日本はどうだろう。安全保障の名のもとに戦争を企んだり、中身のない貧困対策をぶち上げたり、「アベノミクスの果実」を期待させたり、この国は、国民がひとつの理想のイメージを結ぶこともできない哀れな国になってしまった。

しかし沖縄だけではなく地方の村々には、日常にとけこんだこうした祈りの言葉が、お互いの幸せを呼びあう言葉が、いくつも残っているはずだ。現代社会、共同体全体の幸せではなしに、われ先に経済や情報に通じようとすることで、世の中は豊かになったのだろうか。みんなで祈るという行為のもつ潜在力を、いまこそ取り戻していく必要があるのではないだろうか。同じ幸せのイメージを共有しあった人間は、武器を持って戦おうとは思わない。

祈ること。理想の世界をともに描き、くりかえし共有することが、実は平和への早道だと思う私は夢想家すぎるだろうか。でも慰霊の日に、みんなが心に誓った世界は同じかたちをしている。

30

海の息吹が聞こえますか

2016年7月6日

「サンゴの産卵が始まりました」という便りは、いつも南から、石垣島からもたらされる。ああ、陸も海も、命の勢いが沸き上がってくるような南の島の夏が今年もやってくる。初夏の知らせにはなぜか胸が高鳴る。

5月になると南西のほうからサンゴの産卵が始まって、だんだん北上して沖縄本島は1カ月後くらいに全盛期を迎える。1995年に沖縄の放送局に入ってから毎年、その撮影にかかわってきた。サンゴの産卵は大潮に影響されて満月の日におこなわれるという定説を長いあいだ信じていたが、気温や海況によって例外も多く、また時間帯も種類によってまちまちなので、とにかくポイントを定め、空振り覚悟で数日間、夕方から海に浸かって待つしかない。ニュース映像を見る人たちにとっては「あら、神秘的ね!」と、お花が咲いた話題と変わらない感覚かもしれないが、撮影成功までは毎回人件費やボート代など、頭の痛い取材でもある。

今年はとんでもない事件や自衛隊の問題に振りまわされ、離島や本土を飛びまわっているうちに6月も後半になった。今年はサンゴの産卵と無縁だったな、と寂しく思っていたときに、20年来一緒に水中撮影取材を重ねてきた長田勇カメラマンから、「ちえちゃん、大浦湾のサンゴの産卵、撮ろうよ」とメールが来た。「おっ」と思った。そうだ。もうフロートも撤去されて、あの穏やかな大浦湾の風景が戻ってきていたんだ。海保や作業の船もない。サンゴたちは安心して命の営みを謳歌できるだろう。いまは県と国が仮にも和解して作業は「中止」になっている。堂々と水中撮影に入ってもいい海に戻っているんだった。

「おっ」と思ったのは、長田カメラマンから提案してくれたことが嬉しかったからだ。いま、次の作品を撮影中だが、展開が予想外で撮影項目は増えるわ、まとめ方の見通しは立たないわ、あれもこれも撮っていくと体力も予算もとうてい足りないわで、とても水中撮影までは無理という状況だ。長田カメラマンは、古いつきあいだからといつも破格で仕事を受けてくれるが、そうそう甘えるわけにもいかない。そんな甲斐性のない私に、「牧志船長に頼めたら、行こうか?」と言ってくれた。それは本当に嬉しい申し出だった。この10年、大浦湾を守る活動の中心になっている牧志治さんも、快く案内役を引き受けてくださった。

大浦湾という、ファンダイバーなど誰も来なかった東海岸の海が、ここまで生物多様性の宝庫だったということを、20年前の私たちは知らなかった。地域のダイバーさんや琉球大学の学生さんが、地道に辺野古近辺の海洋生物について世に出していった90年代。そこから、天然記念物のジュゴンやアオサンゴの大群落、数々の新種の生物などが発見され、世界的にも注目されるようになっていくのだが、長田さんの映像も、この海の素晴らしさを伝えることにずいぶん貢献してきたと思う。地元のおじさんたちとチームを組んでジュゴンの撮影に挑戦したのも楽しい思い出だ。しかし、2014年から私たちは、「もう今回で最後かな」と毎回つぶやきながら、覚悟をしつつ撮影した。しかしあれから2年経って、まだかろうじてこの海は守られている。

長田カメラマンも、この夏を無事越えることができそうな大浦湾の生き物たちに会いに行きたくなったのだろう。そして、埋め立てを免れた海の息吹を、多くの人に伝えたいと思ってくれていたのだと思うと、胸が熱くなった。予算繰りで後ろ向きになっていた自分が恥ずかしくなった。もし3月4日に「和解」という展開になっていなかったら、3月中には埋め立てが始まっていたのだ。さらなるトンブロックとクレーンを積んだ台船が、もう海上に待機していたのだから。本当に埋められる寸前だった大浦の海。

2トンから40トンまで、すでに海に投入されたコンクリートの固まりは何百という数だ。いま、オレンジ色のフロートだけはなくなったが、海の底に転がったトンブロックは引き揚げられていない。たくさんのサンゴを破壊して、「岩礁破砕」にあたると県が正式にクレームをつけているブロックは、日陰をつくり、光合成するサンゴを殺してしまう。軽いものは台風で引きずられる。海に負荷をかけつづけている。

その近くにあるユビエダハマサンゴやミドリイシの枝サンゴ、大きな塊のハマサンゴの仲間など、地形が起伏に富んでいる大浦湾は、透明度こそよくないものの、多種多様な種類が一堂に会している、まさにサンゴの博物館だ。

「基地反対の人たちは、大浦湾を埋めるなと言うのに、那覇空港の埋め立てに反対しない」と批判する人がいる。たしかに、地球環境の劣化が激しいなかでもサンゴ礁域の破壊は深刻な問題だ。地球の海の生物のおよそ3割が、海洋面積わずか0・2％しかないサンゴ礁の海に集中しているのだ。この10年、国際研究機関や学者たちが、次々にサンゴの全滅の可能性を指摘している。このまま温暖化や汚染が進めば、2050年を待たずにサンゴ礁は消える。そうなるとドミノ式に生態系が崩れて、海の資源を食糧にすることができなくなり、東南アジアを中心に5億人が生きられなくなるという説もある。サンゴの海は、どこだって守らないと間に合わないのは事実だ。

ただ、いますぐ全部を守れないとしたら優先順位はある。絶対に死守しなければならないのが「ホットスポット」と呼ばれる生物多様性に富んだポイント、つまりたくさんの種類がひしめきあう命の濃い区域だ。ほかの地域に命を供給する力のある場所。そして大浦湾はまさに、沖縄を代表するような「ホットスポット」なのだ。

およそ9割のサンゴが死滅してしまっている沖縄本島のなかでも東海岸は再生が遅い。西側のように遠浅でサンゴの生息に適した場所が少ないこともある。そして西側は、サンゴが消えてしまったところでも、慶良間《けらま》諸島から流れ着くサンゴの卵たちのおかげで再生のチャンスがある。しかし東海岸でサンゴの卵を大量に供給してくれるような場所は、大浦湾のほかになかなかない。つまり、人にたとえると、手足を刺しても生きてはいけるけれど、心臓を刺したら死んでしまうように、大浦湾を埋めるのは心臓を刺すようなものなのだ。「那覇空港沖を守らない」と反対運動を批判する人たちは、ぜひ那覇空港沖のサンゴを守るために立ち上がってほしい。そして本当にサンゴのことを理解しはじめたら、なぜ私たちが大浦湾を必死に守ろうとしているか、わかってくれるはずだ。

山を削り　山を泣かせて
海を削り　海を泣かせて
基地を造り　島を泣かせて
爆弾で　世界中の人を泣かせる
そんなこと、やめませんか？
サンゴは光合成で海水の二酸化炭素の濃度を調節してくれる
海が酸化しないように守ってくれている
人間がこんなに負荷をかけてもじっと浄化を続け
耐えきれなくなったら　何も言わずに消えていく
海の息吹は　海の悲しみは
あなたに届いていますか？

31

わずか9時間の歓喜
2016年7月13日——高江工事再開・民意圧殺の朝

「俺たちの祝いは8時がピークだ。伊波さん当確!! でもそのあとは全国で自民が圧勝するだろうから、祝勝会も早めに解散だなぁ……」

ヒロジさんの言葉に場がどっと沸いた。どの顔も明るかったが、とりわけヒロジさんははしゃいでいた。参院選の夜、辺野古の繁華街の一角にある店を借り切って、ゲート前の仲間たちが集まった。辺野古基地建設反対を訴える伊波洋一候補（沖縄選挙区）の勝利はまず間違いない。今回、伊波候補が獲得する票は、ヒロジさんたちの日々の座りこみを応援する県民の声の大きさに比例している。大差がつけばつくほど現場は勇気をもらえる。勝利の瞬間はみんなで味わいたいと、めったに酒席をもたないメンバーが珍しく店を予約したのだった。

おまけに今回の相手候補は、辺野古の問題にかかわってきた人々にとって、どうしても当選させてはならない人物だった。自民党の現職大臣のその女性は、「辺野古県外移設」の公約を破って真逆に転じたばかりか、基地建設に抗議する市民の取り締まり強化を国会で提案するなど、沖縄に軍事的負担を強要する安倍政権の先鋒として県民を裏切ってきた。前回の衆議院選挙では沖縄選挙区の自民党現職議員は全員落選している。この落選したメンバーとこの女性大臣は、そろって安倍政権に説得され県外移設の公約を撤回、県内移設容認に転じた、「平成の琉球処分」といわれた屈辱的な場面にいた議員たちだ。

これまで、沖縄の保守として政府との協調路線を選んできた人たちも、この図には耐えがたいものがあった。ここまで誇りを傷つけられても基地負担に耐え、土地を差し出しつづけなければならないのか。翁長知事を中心に「オール沖縄」を形成していく土台に、この沖縄の保守政治家たちの体たらくがあった。そのなかで唯一国会に残っていたのが、この女性大臣だった。

「7時55分には当確が出るぞ!」

「そんなわけないだろ!」

開票率ゼロの段階で当選速報を出すことを放送業界で「ゼロ当」といい、賛否両論ある手法なのだが、開票が始まる8時を待てないメンバーは、選挙対策事務所のネット中継を見ながら大騒ぎ。そして、8時の時報と同時に「伊波候補当選確実」のスーパーが表示され、座は興奮のるつぼになった。カチャーシー、歌、踊り。全国の速報では自民党が着実に議席を伸ばしていたが、そんなテレビはもう消して宴会は続いた。これで、なんと沖縄選挙区は衆参ともに自民党議員がゼロになった。自民一強のこの国にあって、さらなる基地の痛みを押しつける政権に、沖縄県民は解釈の余地などないほどクリアに「NO」を突きつけたのだ。知事選、衆院選、参院選、全県民が意思表示をする選挙はすべて、基地建設を拒否する候補が圧倒的な勝利で民意をかたちにした。

ところが、夜8時の歓喜の瞬間からわずか9時間後、激震が走った。

朝5時過ぎ、大型工事車両と機動隊が隊列を組んで高江に向かっているという情報が入った。辺野古が和解しているあいだに高江のヘリパッドを造ってしまおうという動きは進行していたので、参院選後が要注意だという覚悟はあった。しかし、まるで県民をあざ笑うかのように、勝利の感激に酔う頭を下から蹴り上げるようなやり方で工事に突入した。

国は用意周到に、参院選明けの11日早朝に向けて工事再開の準備を進めていたのだ。沖縄防衛局は11日付けで赤土防止条例に基づく工事の通知書を県に提出。同じ日、あわせてゲートをふさいでいる市民の車の撤去を求める勧告をメールで県に送りつけ、それに先んじるかたちで早朝から高江で機動隊による制圧体制を敷きながら、プレハブ施設や簡易トイレを載せたトレーラーをはじめ大型工事車両を米軍北部訓練場のメインゲートに搬入した。

「これが国のやり方か！　選挙結果を踏みにじって、こんなやり方で基地建設を強行するのか！」

高江に駆けつけたヒロジさんに、数時間前までの笑顔はなかった。

「大丈夫。こんなやり方をしたら県民全体を敵にまわします。全基地封鎖になります。絶対に工事はさせません」

ヒロジさんが私に丁寧語で「大丈夫です」と言うときは、いつも相当な怒りに燃えているときだ。

ヒロジさんといえば激高しているような場面の印象が強いかもしれないが、追い詰められるほどに冷静になり、本気で怒ったときは穏やかに笑ってみせる。私は心臓がヒリヒリする思いだった。高江は2007年の座りこみ初期からずっと、ヒロジさんが泊まりこんで抵抗運動をつないできた場所だ。2014年からは辺野古のゲート前を担当するようになったが、高江のことはひとときも忘れたことはないだろう。2014年にN4地区のふたつのヘリパッドが完成し、オスプレイの訓練が始まってしまっているが、そのほか4カ所は工事に入れないまま2年が経過していた。しかしこの再開は、国はどうやら本気のようだ。

先月18日、沖縄県に駐留する米海兵隊のトップ、ニコルソン中将は、北部訓練場の一部を来年はじめに日本へ返還すると語った。相次ぐ米軍の不祥事に対して高まる不信感を払拭するねらいなのだろう。「沖縄の本土復帰後、最大の返還面積になる」と強調した。そのためには年内に残り4カ所のヘリパッドを完成させなければならない。着手すれば工事は2カ月で完成するともいわれている。防衛局のメンツにかけて、秋までにかならず着工まで持ちこもうという構えだ。それは両政府の都合なのだろうが、先週も連日連夜オスプレイが複数編隊で飛びまわり、子どもたちが不眠で学校に行けない事態になっていた高江では、あと四つも集落近くにヘリパッドを造りますという話を「そうですか」と受け入れられるはずもない。

北部訓練場を半分も返してやるんだからヘリパッドの移設くらい協力しろ、と米軍と日本政府は言っている。そして北部の市町村長は基地の返還を歓迎し、「返還にともなうヘリパッドの移動なのだ」という解釈のもとに、明確にはヘリパッド建設に反対していない。

しかし、これは何重にもおかしな話だ。県民から奪ったやんばるの森を返すのに、なぜ上から目線で条件をつけられるのか。しかも、返還されない南側の訓練場内には、ほとんど使っていないヘリパッドが15カ所もある。もしも返還区域にあるヘリパッドと同じ数をどうしても新しく造るというなら、集落からもっとも遠い、迷惑にならないところに造るのが当たり前なのに、なぜ高江を囲むような陣形に造るのか。集落を含む山あいの地形を利用しながら、オスプレイが離発着できる新たなヘリパッドを拠点に、山の稜線ギリギリに飛ぶ訓練をする、それが目的であることは明らかだ。これもまた、返還を口実に恩着せがましくふるまい、より便利な訓練場を日本の税金で用意していただこうという、アメリカ軍の常套手段だ。

「返還すると言っているのに、なぜ反対派はわあわあ騒ぐの?」と言っている人は、政府に都合のいい報道しか見ていない。映画「標的の村」をぜひ見てほしい。本当に現行計画通りにヘリパッドができてしまったら「負担増」どころではない。高江は人が住める村ではなくなってしまう。あなたの家から400メートルの地点に突然、オスプレイ用のヘリパッドを造りますと言われたらどうするか、想像してみてほしい。

「戦後70年、日本の安全保障を背負ってきた沖縄県民に対して、こういうやり方をするのか。とうてい容認できない」

翁長知事も、工事再開の夜に異例の会見を開いて、いらだちをあらわにした。

「これだけ安全保障に貢献し、これからも背負いつづける県民に対して、民意が示された数時間後に用意周到に手続きを始めることは、県知事として容認しがたい」

ヘリパッド建設そのものの是非については言及を避けてきた翁長知事だが、このタイミングとこの手法に怒りを覚えない県民はいないだろう。しかし12日、中谷防衛大臣が建設資材の搬入について「地元とのやりとりは丁寧に、数を増やしながらおこなってきた」と耳を疑うコメントを出した。彼が「丁寧におこなった」というのは、「不法占拠の車の移動を求める勧告の紙を9回高江に持ってきた」ことを指すらしい。片腹痛い。さかのぼれば1996年のSACO合意の年に、防衛局の高見沢氏は「オスプレイについて沖縄県民に説明しますか？　隠しておきますか？」とアメリカにお伺いを立てていたことがメールによって暴露されている。96年の段階で、普天間代替施設にオスプレイが来ることを知りながら、あらゆる公式な場でも、環境アセスメントでも、最後まで配備を隠しつづけた事実を消せはしない。「丁寧に隠してきた」の間違いではないか。

高江の住民説明会では「オスプレイ配備は聞いていない」「配備されるなら、あらためて説明をする」と明言した。それから説明会も何もなく工事を強行し、年間1200回というオスプレイの高江での訓練はもう始まってしまった。これは確信犯の誤魔化しだ。もし民間なら詐欺罪の上に、莫大な損害賠償が課されるはずだ。この過程のどこに丁寧さがあったのか。いつも夜中や早朝に闇討ち工事で進めてきた防衛局の、どこが丁寧なのか。7歳の子どもまで通行妨害で訴えた前代未聞のスラップ裁判を妙案として採用した国は、本当に高江に住む人々を国民として対等にあつかってきたと言えるのか。こういう防衛大臣を、日本国民はいったい、どんな感覚で放置するのか？

高江は那覇から片道3時間。工事を進める側も、通うには相当遠い。だから住民が入れない北部訓練場の中に資材を搬入し、プレハブを立て、トイレも設置して寝泊まりして作業に入るのだろう。遠隔操作ができる監視カメラらしきものも設置していた。ゲート前の人数が少ないときを画面で確認して現場に向かうのだろう。しかし、予定地周辺の林道が崩壊していることなどから、米軍機で重機を吊り下げて山に入れる計画がささやかれている。重機を吊り下げるといえば、沖縄県民の心に甦るのは、米軍がトレーラーを落下させて幼女を圧死させてしまったむごい事件だ（棚原隆子ちゃん事件、1965年）。そこまで残酷な仕打ちを、現政権ならやりかねないとさえ思う。そうなったら沖縄はどうなるのか。国民はどうするのか。

今回の選挙で沖縄を圧迫する自民党政権を圧勝させた人たちは、これから高江で起こることから目を逸らしてはならない。自分の一票が支えた権力が、どこかで暴走していないか監視する義務があるはずだ。大手メディアが伝えなくても私たちが伝えるから、知らなかったとは言わせない。全国で自公政権を支持した人たちは今後沖縄で起きることをかならず、しっかりと見てほしい。

32

2016年7月20日
全国の機動隊、高江へ

足立、多摩、習志野、柏、久留米、横浜、福岡……見慣れないナンバープレートが暗闇に浮かび上がる。機動隊の警備車両、「かまぼこ」と呼ばれる大型車両が続々と、全国各地から沖縄県北部に結集してきた。もう数えきれない。他県から500人を超える機動隊員が一気に島に乗りこんでくるなど前代未聞のこと。これは間違いなく沖縄の、いや日本の歴史に残る汚点になるだろう。

沖縄本島北部の過疎地、東村《ひがしそん》の高江集落の人口はわずか160人足らず。まもなく国が米軍のために新しいヘリパッドの工事に着手する。2007年から粘り強い反対運動が続いてきたが、今度という今度は、圧倒的な腕力で国は着工しようとしているのだ。しかし、この山の中で座りこむ人の数など数十人、緊張が高まっている今日（19日）でも150人くらいのものだ。辺野古のゲート前に比べても、かなり小規模な座りこみだ。そこに他県から500人の機動隊員、沖縄県警と合わせると800人規模とも1000人規模になるとも報道されている。150人の非暴力の市民を相手に1000人の機動隊部隊。どう考えても常軌を逸している。

1879年の琉球処分の際に、処分官・松田道之が軍隊と警察官600人を連れて来島したことを想起させると話す人もいる。数百人規模の機動隊の出動なんて、大規模な暴力団の制圧のような事例しか聞いたことがない。暴動も起きていない。過激派でもない、ごく一般の市民が、非暴力のルールのもと抗議の座りこみをしているだけだ。制圧しなければいけない混乱など、どこにも発生してはいない。それなのに、あたかもすごい数のならずものが沖縄で大暴れしているかのような印象操作をし、あえて大規模出動を決定したのが安倍政権だ。

しかし、機動隊員は安倍総理の私兵ではない。治安を守る任務は当然だが、政治的には中立であるはずだ。東京を中心とした国の利益と、国の周縁部に位置する沖縄県の利害が真っ向から対立しているときに、100%国側の意向を実現するために、異なる意見で行動する県民を押さえつけていいのか。警察官として、弱者の側に立つという理想や正義もかなぐり捨てる覚悟で沖縄まで来たというのか。

今日は、高江にやってきた関東や九州の機動隊が、ヘリパッド工事現場の手前で検問をする態勢に入った。反対派の市民を現場に近づけないために、現場の南北数カ所で片側を通行止めにし、「免許証を見せてください」とやりはじめたのだ。

「ここは県民の生活道路だ！　何の権限があって、県外から来た君たちが道をふさぐんだ」

激怒したヒロジさんは機動隊にくってかかる。任務初日、まだ肌の色も白い。土地勘もない機動隊員が戸惑いながら、博多弁丸出しで声をかけあっていて、なんとも拍子抜けする。

「私たちがなんで反対しているのか、あなたたちにわかるの？　どんな悔しい思いをしてきたかわかるの？　わからないのに来ないでちょうだい！」

「お前らの故郷がめちゃめちゃにされたらどうする？　国の言うことは正しいですって故郷の連中を押さえこむのか？」

うなずきながら話を聞く機動隊員。「そんなつもりはないです」と唇を震わせていた人もいた。ひどい現場に来てしまった、と顔をこわばらせている若者たちは、しかし指示を受ければ強制排除に入る。福岡出身で、長く沖縄に住んでいる男性が叫んだ。

「きさんら、なんしに来よったんか！　恥はないんか？　こげん仕事して！」

意味もわからずこんな仕事をさせられている故郷の青年の姿を見たくない。彼は目を真っ赤にしてそう言った。

なにかを踏みにじっている。ここにいるのは素手の沖縄県民たちだ。これは俺の仕事なのか？　心の中でそう思った隊員は少なくなかったはずだ。やりがいも達成感も、そこにはないだろう。苦しいだろう。そんな思いを、これから全国各地から来る500人もの機動隊の若者が、ここ高江でするのか。こんな豊かな森で、アカショウビンの声に心を躍らせる間もなく、鉛を流しこまれるような重い気持ちを抱え、ポーカーフェイスで基地建設を進める手伝いをするのか。いま壊されていくのは、決してやんばるの自然だけではないのだと思う。

先週金曜、毎朝大量の資材が高江の森に運びこまれていくのを見ながら、ヒロジさんが提案した。

「東村の村長は、工事車両が高江の集落の中を走るならそれは許さない。身体を張ってでも止める、と言ってくれた。だから、やがて工事が始まったら一緒に座りましょうと、いまからお願いしに行こう！」

ヒロジさんの提案はいつも唐突だ。それを決めたのは朝の7時だったが、立っているだけで熱中症になるこの暑さのなか、なんと山道を20キロも行進して行こうと座りこみ参加者に呼びかけたのだ。

「車で役場に乗りつけるのは簡単だ。それでは何も伝わらない。暑いなか4時間かけて歩いてきましたと、熱意を伝えよう！」

8時前にゲート前を出発した20人弱の一行は、横断幕を持ち、マイクでリレートークをしながら、熱いアスファルトを踏みしめて歩いた。緑豊かなやんばるだ。30分歩いても民家が一軒もない、ヤンバルクイナしか聞いてない、という区間もあった。ヒロジさんは一度気が遠くなってしまい、しばらく休憩をとった。なじみの沖縄県警のひとりが心配して声をかけに来た。そんなふうにして、東村の役場にたどり着いたのは出発から7時間半も経過した午後3時過ぎだった。

あいにく伊集盛久《いじゅせいきゅう》村長は留守で、代理の職員に伝言をお願いするかたちになった。ヒロジさんは丁寧にお辞儀をして、汗だくの帽子をとった。その表情を見て私は喉が詰まってしまった。この1週間でヒロジさんの顔は一気に10歳年をとってしまったように感じた。1週間前、伊波洋一候補が当選した祝勝会で、あんなにはしゃいでいたヒロジさんのはじける元気が遠い昔のように思えた。毎晩ほぼ寝ることもできず、高江に張りついたこの5日間が、ここまで彼を痛めつけていたのか。もともと反対運動のリーダーなんて大病から復帰した人にやれる仕事ではない。辺野古に警視庁の機動隊が投入されても一歩も引かなかったヒロジさんだが、８００人、１０００人を相手に、どうやって非暴力の抵抗を貫くのか。いまも現場の指揮をとりながら、刻一刻、悩み抜いていると思う。しかしこれで持つのだろうか。このまま指揮を任せていていいのだろうか。

今日19日は、ゲートをふさぐ市民の車を撤去せよという警告の期限になっている。私は高江近くの宿でこの文章を書いているが、夜中の12時になったらレッカー車が車をどかそうと襲いかかるかもしれないから、もう出ないといけない。沖縄県外からも、警視庁からもレッカー車が運びこまれている。駐めてある車は乗用車ばかりで、一目瞭然の小さい車なのに、どれだけ大げさなんだろう。まさか真っ暗な森で作業はできないだろう。そう思いたいが、人が少ないとかならず防衛局はやってくる。まもなく午後9時。このあとすぐカメラを持って現場に向かう。

「高江のヘリパッド建設問題」ってなに？という人がいまも国民の大半だろう。放送局で必死にこの問題を取材していた私が、たったの一度も全国ネットにできなかったのだ。だから他の局も含めて、「辺野古」は報道しても「高江」の報道はまだほとんどない。ドキュメンタリー番組だった「標的の村」を映画にしたのも、全国に伝える手段がほかに思いつかなかったからだ。思いのほかのヒットで、少なく見積もっても10万人は見てくれたと思う。しかし、この事態になっても、全国ニュースではまったく、きれいにまったく、とりあげていない。[*1]

「高江」はこのまま誰も知らないなかで圧殺されていくのか？　そうはさせない。そのために、私だけではない、現場から多くの人がＳＮＳやネットメディアを駆使して現状を伝え、ＳＯＳを発しつづけている。だから「テレビでやってないから知らない」とは言わないでほしい。少しアンテナを張ってくだされば、いくらでも高江の情報は手に入る。全国の有権者が選んだ安倍政権が、見えないところで暴走していないかどうか、一票を投じた人はちゃんと見張ってほしい。

レッカー移動が終われば、金曜には政府の言う「本格着工」の予定だ。今日は福岡で、大阪で、東京の警視庁前でも、高江の工事強行に抗議する緊急集会が開かれた。高江を見殺しにするものかという人たちが声を上げてくれたことが、どんなに現場を勇気づけているか。いま、沖縄と本土のあいだに修復不可能な裂け目ができようとしている。でもその前に、私たちはまだまだ信じている。良識ある国民が次々と声を上げ、高江を潰そうとする暴力的な政策にブレーキをかけてくれることを。

＊1　この後7月20日、21日に、ＴＢＳとテレビ朝日がはじめてプライムタイムに特集を組んだ。

33

2016年7月27日
高江大弾圧
臨界点を超えた政府の暴力

運命の7月22日、夜が明けると、やんばるの奥地を走る県道70号は機動隊で溢れかえっていた。県外から500人、沖縄県警を合わせると800とも1000人ともいわれるが、予定地につながる4カ所に同時に押し入った警察官と、途中途中の車両や物資の集積地、検問ポイントや裏のダムに隠れている人員を合わせたら、やはり800人は動いていたと思う。とにかく狂気の動員だった。今回、明らかに国はある一線を越えてしまった。

参院選後、日に日に追い詰められていく高江の工事予定地で、国の実力行使の着工予定日を翌日に控え、21日に緊急集会が開かれた。平日の午後2時、炎天下。突然の呼びかけにもかかわらず、なんと1600人が高江の通称「N1ゲート前」に集まってきた。過去10年、高江の取材を続けてきたが、1000人を超える人がここに集まるなんて、かつてなかったことだ。

ゲンさん夫妻も伊佐さん夫妻も、ついに県民が本気になってくれた、と喜びを隠さない。160

0人なら機動隊の倍の人数だ。明日未明には通行規制がされて、応援に来ようにも近づけなくなることから、できるかぎり泊まってほしいと呼びかけた。しかし宿もない山の中である。ほとんどが帰ってしまったため、夕方にはいつもの100人くらいになった。これでは、あっという間に排除されて終わりになる。現場に焦りが広がった。

6時半ごろ、私たちはテントからだいぶ離れた路肩に車を駐めた。そのとき、おもむろに「駐車違反」の看板が私たちの車の前後に立てられた。名護署によると、その看板からテント寄りの車はすべて駐車禁止で、レッカー対象だそうだ。そんな後出しの交通ルール、ありえない。駐車したときには規制がなかったのに、車に戻ったら、あたり一面が駐禁になっているなんて！

「非常事態なので名護署長の権限で規制ができるのだ！」。幹部らしき警察官が、やみくもに怒鳴って立ち去った。このあとのレッカーもテントの撤去も、過剰な警備も、手すりや柵の設置も全部「非常事態」の名のもとに進めるつもりなのだ。ここはもう法治国家ではないのか。内容を問わず国策なら是であり、それを進めるために警察権力があらゆる権利を市民から取り上げることができるのなら、それはもう恐怖政治ではないか。

夜中1時を過ぎたころから道の両側は人と車で埋まってきた。さすがに沖縄県民、かなりの数が戻ってきてくれた。市民側の車は200台以上。私の目算では300人近くが、建設を許さない覚悟で結集してきた。

ヒロジさんを中心にいくつかの作戦が立てられていた。ひとつは道の両側に駐めた車をじりじりと中央線に向かって移動させ、大型車両やレッカー車が通れないような陣形をつくること。夜中の3時にその作業が始まった。警察は4時には県道を封鎖、5時にはレッカー移動を始めるという計画だ。4時も回り、援軍も道路封鎖で近づけなくなったことを確認して、県道全体に車をパズル状に配置した。「これでレッカー移動はかなり難しくなった！」。第一段階は勝利だ、とヒロジさんは気勢を上げた。

しかし、全国から集められた機動隊員は、夜明けとともに南北両側から一気になだれこんできた。たしかにレッカー車は入れなかったが、車輪のようなものがついたジャッキを車の下に手際よく入れていき、一台につき20人が襲いかかれば、あっという間に車は浮く。そして、みんなの手で押して「だんじり」のように号令をかけながら車を引っ張っていった。車の下にしがみつく人たちを、まるで果実についた虫を取り除くように淡々と引き剝がして、バリケードの車は端から順に機動隊の手で運ばれていった。

次に運ばれる車によじ登り、屋根に座りこんだ女性が叫んだ。

「沖縄を返して！　私たちの生活を返して！　子どもたちの未来を元に戻して！

……守れなかったんですよ。

私たち大人は　子どもを守れなかった！　警察も守れなかったーっ！

また犠牲者つくるんですか？　新しい基地を造って？」

私も悔しくてカメラを持つ手が震えた。彼女はＲＩＮＡさんのことを言っているのだ。米軍が70

年間もわがもの顔で居座るこの島は異常だと思いながら、状況を変えられなかったこと。守るべきものを守れなかった惨めさ、悔しさ。自分への怒り。その思いが彼女を衝《つ》き動かしているのだろう。今回は、こういう場所ではあまり見ない女性たちの姿が目立った。4月末に起きた暴行殺人事件はまだ多くの人の心に突き刺さったまま、悲鳴を上げている。

今日の防衛局側の最大の目的は、N1と呼ばれる予定地に進入するためのゲートを確保することだ。そこには9年前から車を並べ、テントを張って見張りを立ててきた。資材が入れられればまた投げ返してでも、これまで死守してきた場所だ。ど真ん中に置かれた街宣車の上に陣取った市民を引きずり下ろそうと、警察官がよじ登る。怒号と悲鳴がいっそう大きくなり、事態は緊迫した。そのなかでひとりの女性が、ロープのからまるなか首を絞められるかたちになり、その騒動を近くで見ていた女性も気を失って病院に搬送されてしまう。けが人と逮捕者は出さないと決意を何度も述べてきたヒロジさんは、たまりかねて車に上り叫んだ。

「もうやめてくれ。もういい！　こちらも降ろすから、もう手を出すな！」

いつもカヌー隊として海に出て行くその女性は、辺野古の信頼できる仲間だった。彼女らを傷つけてしまったことにヒロジさんの心は折れた。まだ午前、早々に白旗を上げるかたちとなった。これ以上けが人と逮捕者を出すよりも、仕切りなおして工事を止める。仲間を守り、その力を残して引き際を決断すること。それがヒロジさんの流儀だった。

翌朝の県内紙のトップは高江工事強行。暴力的で痛々しい写真が大きく掲載されたが、呼びかけもしないのに、１００人以上がやんばるの森の中にまた集まってきた。朝日を浴びて、その顔は朗らかでさえあった。

「負けてないですよ、これからですよ」

「そう、これからが肝心！」

また、またしても沖縄県民の強さは私の予想を超えていく。私は、こんな場面を見ないで済むように「標的の村」を映画にまでして全国行脚したのに、なんて無力なんだろうと、大泣きしてぺっこり凹《へこ》んでいた。まる50時間以上寝ていない目で泣くから、悲惨な顔になっていた。なのに、森に集まった人たちの前向きなオーラはなんなのだろう？　私はまだ、彼らの一員にはなれていない。

それにしても、今回の常軌を逸した政府の手法は「ティッピングポイント」を超えたと感じた。ある事象が臨界点を超えて、一気に崩壊していくさまを見た気がしたのだ。いくら政府が決めた国策といえども、私たち国民には異議を唱える権利がある。その前提で、沖縄県民は基地の重圧に対して長いあいだ非暴力の抵抗を重ねてきた。これまでは県民を排除する側にも、ある一定の良識があったと思う。これ以上力ずくでやると民意を敵にまわすので加減するという線が、国家権力にもあったはずだ。しかし、丸腰の県民に対し異常ともいえる物量で迫り、まるで勝つことが決まっているモンスター退治のゲームのように、抵抗を押し潰していった今回の国のやり方に、私は恐怖を感じた。自公政権の議員をすべて落とすような沖縄にはもはや手加減など必要ない、という現政権の本性を見た思いだ。

高江は辺野古の前哨戦。本気で和解も協議もする気がない安倍政権が、次は辺野古にこの手法を拡大して迫ってくるのは間違いないだろう。辺野古の埋め立てが始まるときには海上自衛隊も呼んでくるのかもしれない。第一次安倍政権は掃海母艦「ぶんご」を辺野古に出動させた経緯もある。なりふり構わないこの政権の暴走がどこまで行くのか、私は本当に恐ろしいと思う。矛先は今後、沖縄だけではないだろう。でも、翌日の全国紙のトップ記事は「ポケモンGO上陸」だったというから、もはやそれを止められる力がこの国の国民にあるのかどうか。本当に倒すべきモンスターはスマホの外にいるというのに。

34

農民の心意気　石垣島の豊年祭

2016年8月3日

旧暦の6月から8月にかけて、八重山は祭り一色に染まる。沖縄本島、宮古島と違って八重山（石垣島、竹富島、小浜島、黒島、新城島、西表島、波照間島）の祭りは、強烈な日差しに輝く鮮やかな極彩色、そして村中が劇団員なのか？というレベルの歌と踊りに圧倒される。このところ、ずっと高江や辺野古で国に追い詰められていく県民の姿ばかり描いてきたので、今回は先週末おこなわれた石垣島最大のイベント「四箇字豊年祭《よんかあざ》」を紹介したい。

四箇字とは石垣・新川・登野城・大川の四つの字《あざ》を指す。「よんかあざ」とも「しかあざ」（略してシカ）ともいうが、要するに、市役所や港がある石垣島中心部の四つの集落を総称する言い方だ。石垣では「シカの人？」というと、いまは「石垣島でも都会のほうに住んでる人ね？」という感じに使われる。だが、もともとは農業で生きてきた地域であり、この豊年祭を中心になって仕切るのも古い農家で、ちょっとした移住者には敷居の高いムラの結束のもとに祭りはおこなわれている。

祭りは2日間。1日目は「オンプール」といって、四つの字それぞれの御嶽（拝所）で神行事、奉納芸能が展開される。2日目は「ムラプール」といって、四つの字がそれぞれ旗頭《はたがしら》の行列を仕立てて新川集落の「マイツバ御嶽」に大集合。それぞれの字が競いあうようにして、神役の「ツカサ」の女性たちを前に芸能を披露する。それを集まってきた老若男女が楽しむといった具合だ。

登野城集落の御嶽「イミナスオタケ」で、まずは米の神さまに豊作の報告と感謝を捧げる。そして天川御嶽に移って、神をもてなす奉納芸能が披露された。自衛隊の石垣島配備に毅然と反対している山里節子さんのことはすでに紹介したが、登野城で生まれ育った節子さんは、老人会を中心とした「まき踊り」のなかでおもしろい役を務めていた。手ぬぐいで顔を隠し、赤いふんどしを締め、足にマジックですね毛まで描いている。「何の役ですか？」と聞くと、「パーシャ」ですよ、と。パーシャとは道化役、ピエロ。いつも馬鹿なことをして笑わせる人のこともパーシャという。「神さまも、まじめな芸能だけじゃ飽きちゃうでしょ？」といたずらっぽく笑った。

各字の象徴が「旗頭」だ。男性陣が威信をかけて、大空を舞うように旗を突き上げていくさまは力強くエロティックでさえある。腰に巻いた綱に乗せるようなかたちに持っていくまでがまず大変だし、かなり反り返らないとバランスもとれない。反りすぎてバランスを崩すこともある。私のような腰痛持ちは見ているだけで腰が痛いが、地域の誇りをかけた勇壮な出しものなのだ。

「瑞雲」「五風十雨」「薫風」など旗頭に書かれた文字には伝統があり、それぞれに祈りがある。「五風十雨」の意味は〈五日ごとにさわやかな風が吹き、十日ごとに静かに雨が降れば豊作になり

天下泰平となる〉、「薫風」は〈若葉薫るさわやかな南風が五穀豊穣をもたらす〉。いずれも農民が天の神・地の神に祈り、感謝し、ムラの安泰と繁栄を祈るものになっている。

字のシンボルである旗頭については、地域ごと「旗頭本」があって、デザインにも文字にも厳しいルールがあるそうだ。隣村のデザインが素敵だからと気安くアイディアを借りたりすれば、とたんに騒動になるという。オリジナルの意匠をきちんと紙の資料にして守っているのが旗頭本。孟宗竹が入ってきて、高さは以前より高く太くなり、沖縄電力が一部の電線を付け替えてまで行列を通している。

四つの字が大集合するのはマイツバ御嶽。境内では各集落の出しものが次々に展開されるが、やはりこれも一年の農作業を模した芸能が多い。白ひげの老人が道の向こうからやってきて、幼子を両脇においた神人に「五穀の種子」を渡すシーン。これは沖縄じゅうの祭りに出てくるモチーフだが、天の神さまが稲、ヒエ、アワなど五穀の種子を授けてくださり、それからこの地域に農耕が始まったという稲作の歴史を寿ぐものだ。

種子を得た次には、まずは神に祈る場面として、神人のいでたちの女性を先頭にした行列がやってくる。後ろから古老たちが歌う「ヤーラヨー節」。直訳すれば柔らかい世の中、台風などの強い風ではなく、旱《かん》ばつをもたらす強い日差しではなく、柔らかい風と柔らかい雨のもと、作物の病気もなく平穏な季節になりますように、という祈りの歌だということだ。

まずは祈りがあり、それから農作は始まる。稲を植える場面から演じるのは八重山農林高校の高校生たち。みんなで力を合わせて収穫、脱穀、精米を進めていくシーンのいきいきしたさまには、なぜか涙が出てくる。自衛隊基地が農地の近くに来てしまうことで反対の声を上げている区長の娘さんがそのなかにいて、よく農作業を手伝っている親孝行な学生であることを知っているから、ということもあるが、農民として生きてきた親たちを、この島を、誇りに思い農業の道に進む子どもたちの屈託のない笑顔を、「中国が攻めてくる」と恐れおののく人たちが肥大させていく軍備によって曇らせたくない。本土の人間たちにそんな権利はない。彼らの未来を守りたい。そう思って涙目で見つめてしまった。

クライマックスは、大通りで展開される綱引きなのだが、その前にふたつ「アヒャー綱」と「ツナヌミン」という見どころがある。婦人の代表が神ツカサの女性から「ブルボー」という木の棒を賜る。とたんにサーサーサー！と女性たちの声が集まってくる。この女性たちだけでおこなう儀式を「アヒャー綱」といい、熱気のなかで、この棒によって雄綱と雌綱を結合させるのだ。それはもちろん性的な結合を模した儀式である。めしべとおしべも、男女も、作物や命を生み出すおおも

との神秘的な瞬間というのは雌雄の結合である。確実にそれをおこなうことで、来る年の豊作を予祝するのだ。
夕暮れのなか、たいまつが灯《とも》り、旗頭の中にも灯《あか》りが入る。綱引き直前の興奮も高まるなかで「ツナヌミン」が始まる。東西から、いかだの上に乗せられた「武士」と「農民」が中央に向かって進んでくる。牛若丸と弁慶などと呼ぶ人もいるが、これは八重山全体にあるモチーフで、離島民をあらわす「農民」と、首里から派遣された権力のある「武士」の対決をあらわしている。なぎなたを持つ武士に対し、両手に鎌を持って対抗する農民。これが、中央権力に屈するだけでなく、誇りをもって立ち向かっていく島人《しまぴとぅ》の姿である。だから、本来なら武士が強いのだろうが、このツナヌミンでかっこいいのは鎌を持った農民のほうだ。今回の農民役はみごとに反り返り、高く跳躍し、例年に増してかっこよかった。薄暮の空を背景に演じられた農民の心意気に酔いしれた観衆は、やおら近くの綱を手に持ち、号砲のなか綱引き一番勝負に加わった。
日が落ちても灼熱の太陽の熱気は去らず、私たちは撮影を終えてからも噴き出すような汗にくらくらした。この暑さのなかで踊っていた、80歳を過ぎた女性もいる団体は、公民館の打ち上げに向かった。70代の節子さんたちは夜12時近くまで公民館で騒いでいたという。私たちは11時にバタンキューだった。このエネルギーはなんだろう。首里王府による圧制に苦しんだ離島では、収穫の喜びに、それこそ気が狂ったように踊り、歌い、飲んで騒いだ。人頭税が苦しかった分、先島の祭りで農民たちが夏ごとに炸裂させるパワーというのは、沖縄本島には見られないものだ。

島の土に向きあって、そこに根を張り、苦しさを分けあい、喜びを増幅しあって生きてきた農民たち。かつて日本中がそうであったように、農耕儀礼で結ばれた共同体の揺るぎない力に圧倒される。都知事が代わり、防衛大臣も代わるというが、そんな揺らぎまくったニュースはここでは無価値なものに感じる。こんな太い人間の営みをいったい誰が崩せるというのか。よそ者にそんな権限があるはずがないと確信する。

「いちばん尊いのは農民です」。そう言った阿波根昌鴻[*1]さんの言葉は永遠に真実だと思う。

＊1　阿波根昌鴻《あはごんしょうこう》（1901―2002年）……米軍占領下、伊江島の土地強奪に抗議する土地闘争を率い、「島ぐるみ闘争」の火付け役となった。伊江島に資料館「ヌチドゥタカラの家」がある。

35

2016年9月7日

ヒツジの皮をかぶってやってきた防衛副大臣

9月2日、突然宮古島に若宮健嗣《けんじ》防衛副大臣がやってきた。

その前日、防衛省の来年度予算が概算要求で過去最大の5兆1685億円になったこと、そのうち宮古島への陸上自衛隊配備にかかる費用として351億円が充てられるという、目玉が飛び出るような金額が報道されたばかりだった。351億といえば、伊良部大橋の建設総額と変わらない莫大な費用。今年度、宮古島に充てられた予算108億円を一気に3倍に増やして、こんな小さな宮古島にいったいどんな自衛隊施設を造ろうというのか。

そして、この磐石《ばんじゃく》の予算を背景に、有無を言わせぬ勢いで南西諸島の要塞化を着実に前進させようと、副大臣が直接宮古島に乗りこんできた。これは予算の説明だけではなく、なにか重大発表でもあるのかと、急遽《きゅうきょ》宮古島に飛んだ。

朝10時から、自衛隊配備に反対する宮古島の島民たちが市役所に集まってきた。彼らは市長と防衛省が市民不在で自衛隊配備を進めていることに危機感を募らせている。ゴルフ場「千代田カントリークラブ」を買収して自衛隊基地を新設する予定の地域は、野原《のばる》と千代田というふたつの集落に隣接しているが、両自治会は反対決議を挙げて、市議会に計画撤回を要請している。ところが、その当事者たちの強い反対の声などなかったかのごとく、6月に突如、下地敏彦宮古島市長は「宮古島への自衛隊配備は了解、しかし大福牧場の予定地は水源にかかるから認めない」という言い方で、事実上、陸上自衛隊の配備計画そのものの受け入れ表明をしてしまったかたちになっていた。

受け入れ自体は歓迎する防衛省だが、隊員の宿舎が中心になる千代田カントリーよりむしろ、ミサイル部隊の主要施設である弾薬庫や実弾演習場、着上陸訓練場など、海に面した広い面積を確保できる大福牧場の候補地にこだわっていた。しかし、ここは命の水がめである地下水に影響する場所であるだけに、住民説明会では自衛隊を歓迎する市民からも「水源地だからやめてほしい」と不満が噴出していた。それでも防衛省はかたくなに「候補地はほかに考えていない」と変更を突っぱねていたため、事態は膠着《こうちゃく》していた。

これを受けて宮古島の人々は、大福牧場が手詰まりになったら次は東海岸の南部か、もしくは橋がかかって便利になった伊良部島と地続きの下地島が、いよいよ本命として候補に上がってくるのではないかと新たな候補地の提示を警戒していた。そんな矢先の副大臣訪問。しかしその内容は、肩すかしを食らわすようなものだった。

副大臣は、「陸上自衛隊警戒部隊の配置につきまして、宮古島市長には受け入れを表明していただき、たいへん意義深いものがございます。防衛省としても感謝しております」と切り出した。「また、市議会におきまして候補地のひとつ、大福牧場への開設は認めないと発言があり、そこへの整備はしない。千代田カントリークラブを中心に整備をさせていただくことにいたしました」と、あっさり、あんなにこだわっていた大福牧場の予定地断念を伝えた。

であれば、新たな候補地を提示してくるかと身を乗り出したが、続けて副大臣は、千代田計画の配置案をはじめて提示しながら、「警備部隊、地対艦誘導弾部隊、地対空誘導弾部隊の隊員のための隊庁舎、車両整備工場、倉庫、福利厚生施設、グラウンド、宿舎……」とソフトな施設を列挙しはじめた。たしかに、そんなものしか描かれていない図面だ。そして「ヘリパッドですとか、地対艦誘導弾、地対空誘導弾を保管する火薬庫を整備する計画はございません」と言い切った。

800人規模のミサイル部隊を配備するために、351億円を来年度この島で使おうという防衛省が、「火薬庫を置きません」「ヘリパッドも造りません」という。そんな話があるはずがない。いったい何を考えているのか？

これを受けて下地市長は「ヘリポートや弾薬庫のようなものはいっさいないと説明があり、ひと安心です」と歓迎した。すっかり安心しきったような表情の市長は、その後の会見で「火薬庫を造らないというんだから、ミサイルは持ってこないでしょ？」と発言した。

すっとぼけているのか純真無垢なのかはわからないが、素手でやってくる自衛隊員のために351億円もかけて800人収容の宮古島リゾートを造るとでもいうのか？　どんな猿芝居につきあわされているのか。なめられているのは市長なのか、われわれ報道陣なのか、沖縄県民なのか。

若宮副大臣はその後の会見で、大福牧場に代わる予定地についてくりかえし記者から質問されても、「検討していない」「何も決まっていない」とかわしつづけた。さすがに「ミサイル配備をしないのか」という質問に対しては「それはさせていただきます」と白状しているが、「みなさんが心配しているものは何も造る計画がありませんよ」という、ヒツジ作戦で通そうとした。

「本当にヘリパッドを造らないんですか?」「ないです」

「オスプレイ配備は防衛白書に出ていますけど?」「ないです!」

地下に「指揮所」を造る計画について私が質問したとき、一度は「そんな予定はない」と言ったものの、追及すると「司令部は造る」、それもこの千代田に置くということだった。手の内を明かすことになるので書きこんでいない、という。

まさにそういうことだ。国防に関する情報にふれるものは、敵に手の内を明かすことになる。だから公にできない。自衛隊駐屯地に何を造るのか、たとえ周辺住民が教えてと泣いて頼んだって、軍の機密を漏らすわけにはいかないのだ。いままで情報を出しすぎたくらいだ。火薬庫も司令部も、地下の集積場も何もかも、前広に世の中に提示する必要などまったくない。敵に知られる上に、反対運動の攻撃にあうのが関の山だ。そう高をくくったのだろう。

この日、唯一わかったことは、防衛省はヒツジ作戦に転じたということだ。怖い施設は造りませんよ、怖い物は持ってきませんよ、でも、みなさんが台風や地震の被害にあったときにはわれわれ頼もしいですよ、というヒツジの皮をかぶって宮古島に入りこむと決めたのだ。いまは警戒している宮古島の人々も、いったんヒツジだと思って引き受けさえすれば、あとはフェンスの中でヒツジの皮を徐々に脱いでオオカミの姿をあらわしてこようとも、特定秘密保護法があるかぎり尻尾をつかむことは容易ではないし、とんでもない計画が発覚したとして、そのとき騒いでもすでに遅し。島の人々の力で彼らを制御することはおよそ不可能だ。島民の運命は駐留軍隊と一蓮托生、71年前の悪夢の再現でしかない。

馬鹿にされたもんだ。相当なめられたものだ。防衛白書に書いてあることも島民は読んでいないだろうということか。防衛大綱、中期防、防衛白書と、日本政府が公に発表している資料を読めば、南西諸島に展開される島嶼防衛計画の概要は誰にでもわかる。そんなことは理解できないだろう、計画にないと言えば信じるだろうと、かなりおめでたい人たちだと決めつけられたも同然だ。メディアも含めて、愚弄されたと自覚したほうがいい。

今回の予算で、2020年度に沖縄本島へ03式中距離地対空ミサイルの改良型1式を配備するため177億円を計上しているが、南西諸島に配備するミサイルの飛距離を伸ばすということがどういうことを意味するのか。尖閣諸島や中国本土が射程圏内に入るものを島々に置くということが、われわれ沖縄県民の命とどう直結するのか。そんなことを私たちは考えてみたこともないとでも思っているのか。

先月、私たちは中国の新聞「環球時報」の社説に戦慄《せんりつ》した。そこには「日本の新型地対艦ミサイルが配備される宮古島は、かならず中国の戦略的照準対象になる」と、はっきり書かれていたからだ。現在、中国が私たちのいる南西諸島、そこに駐留する米軍基地に向けてミサイルを配置している事実はない。そんなことをしたら、とんでもない騒ぎになるだろう。それなのに、いま私たちはこの南西諸島に、あからさまに中国を仮想敵国と名指しせんばかりのミサイル配置を進めようとしているのだ。私たちは標的になどなりたくない。真っ先に攻撃対象になるリスクを断固拒否します。でも、日本のメディアは南西諸島が押しつけられていくこの残酷なリスクについて沈黙している。だから防衛省は、東急ハンズに売っているようなお安いヒツジのコスプレ道具をかぶってでも、ばれやしないと決めこんで宮古島の門をくぐろうとしている。

「環球時報」はこうも書いている。「この島（宮古島）の軍事基地は、開戦時に最初に抜き取るべき『クギ』になる」と。そうなのだ。飛距離を伸ばした物騒なミサイルではあるが、そんなものは中国がこの島になにかを撃ちこむ事態＝開戦になったときには、陸上選手がスタートラインに立ったときにスパイクの前にたまたま転がっているような「クギ」にすぎないのだ。今年アメリカのシンクタンクが発表したシミュレーションでは、中国が日本と開戦したら日本列島は5日で陥落するとあった。宮古島ごときに何本クギを置いても、そんなものは防波堤にもなんにもならない。それよりも、目の前にクギをつかんだ拳を振り上げて威嚇されたときのことを考えてほしい。そうされた側が、相手の敵意を見てどう行動するのか。そのクギを目の前にかざす行為が引き出す変化のほうが格段に大きい。

賢明な国民には、いま本当にそのことを真剣に考えてほしい。自衛隊は存在意義をかけて「南西諸島防衛」に邁進《まいしん》しようとしている。国を守りたい気持ちに偽りがあるとは言わないが、けれどもそれが本当に「抑止力」と呼べるものかどうか。国民一人ひとりが、わからないと言わずに考えてくれないと大変なことになる。

なぜ宮古島が、石垣島が、意味もなくリスクを負い、真っ先に攻撃対象にされる恐怖と今後永遠に向きあいつづけなければならないのか。攻撃される理由をわざわざ提供するようなミサイル配備は日本の安全を守るどころか、わざわざ導火線を設置するようなものだ。開戦に直結する導火線をわれわれの税金でつくるというのか。沖縄関係の防衛費概算要求は1780億円（26％増）。狂気の沙汰である。

36

2016年9月21日

自衛隊と機動隊とヒラメ裁判長

沖縄県の敗訴は織りこみ済みだった。そこには特段の感傷などない。

判決を出した多見谷寿郎裁判長は、これまで9割がた体制寄りの判決を下してきた「実力」を買われ、あからさまな人事異動で、この裁判に当てられた人物だ。2013年の成田空港訴訟でも、住民の訴えに耳も貸さずに土地の明け渡しを命ずる行政寄りの判決を出している。安倍政権は、この誰もが認める「ヒラメ裁判長」をあえて沖縄にぶつけてきたと、辺野古や高江で座りこむ人々はひとり残らず知っている。いや、県民もみな知っているだろう。辺野古埋め立てを取り消した沖縄県の違法性を国が主張した今回の裁判は、沖縄側の証人申請もすべて却下され、公判は2回で終了した。判決に淡い期待さえ抱きようがなかった。

しかし、だからといって、この国の三権分立が本当にハリボテであり、私たち国民の主権を守る機能などそもそもないのだ、という事実には、できれば向きあいたくなかった。人権を守る最後の砦はとっくに敵の手中にあること、だから司法に判断を求めることが、救済どころか、弱者にさらなる圧をかける公開処刑の場にさえ変質してしまいかねないという国のシステムの劣化について、「わかってましたよ」と冷静に受けとめるほどには鈍感でもない。

野菜室の果物がもう腐っているだろうと知っていても、パックを手にとって無残な姿と異臭を確認するのは、誰だって勘弁してほしいはずだ。でも9月16日、裁判所の前に集まった1500人の県民は、あえて判決の瞬間を同じ空間で見届けることを選んだ。午後2時に裁判所の中で示された、腐臭を放つ「判決」という成果物を広場で広げ、みんなで確認し、顔をしかめながら向きあった。苦いものを嘗《な》めて覚悟を新たにする「臥薪嘗胆《がしんしょうたん》」を地でいくその姿に、沖縄の闘いの凄みを感じずにはいられなかった。

判決はお粗末な内容だった。沖縄の弁護団や記者たちが「これでは国の訴状のコピペだ」と苦笑するしかない文章が並ぶ。とくに、沖縄の地理的優位性や海兵隊の運用といった軍事的なファクトで専門家の意見も分かれる内容について、国の言い分通りに断定している。今回の法廷では証人も採らず、踏みこんだ議論もなかったはずが、なぜここまで断言できるのか、首を傾げるしかない。「アメリカ海兵隊を沖縄以外に移せないとする国の判断は、戦後70年の経過や現在の情勢から見て合理性がある」「ほかに県内の移転先は見当たらない」

国側の主張を100%なぞった内容でしかなく、裁判官らの判断はどこから来たのか、根拠はどこにあるのか、まったく不明だ。国がほかの移転先を真剣に検討したのかどうか。代替施設がかならず必要なのかどうか。さまざまな意見や資料に当たることもなく導き出した判決は、裁判官個人の持論でしかなく客観性に欠ける。プロの書く判決ではない。

以下の部分も、なぜここまで踏みこんで、あえて国にお墨付きを与えたのか解せない。

「普天間飛行場の辺野古移設は、県全体としては負担軽減になる」「辺野古の基地建設に反対する民意には沿わないとしても、その他の基地負担軽減を求める民意に反するとはいえない」

普天間基地を返すのは、狭くて老朽化して使いにくい場所にあるからであって、「これを返すから、あれをくれ」という取引きは、米軍が駐留国で基地快適化・基地強化をはかる際の常套手段である。現に、高江のヘリパッド建設について米軍は「北部訓練場の使っていない部分を返して、老朽化したヘリパッドをリニューアルするもの」と本音を暴露している。もともと沖縄の負担軽減のためではないし、逆に基地の重圧は増えるのだ。

第一、ここに住んでいる人々が「負担が増える」「固定化されてしまう」「すでに騒音が増して生活できない」と、恐怖を肌で感じて悲鳴を上げているのに、「いやいや、軽くなる話ですよ。いいはずですよ」と面積の話だけで押し売りされても、とても迷惑だ。

「嫌です。迷惑です」と言っているのに「いやいや。あなたはこれが好きなはずですよ」と迫ってくるのは、まるでストーカーだと「戦場ぬ止み」の中でちかこさんが言っていたが、まさにそれと同じ、薄気味悪い行為を裁判所までがしている。「楽になりますよ」「求めている人もいるはずですよ」と、ストーカーをする国の後ろから、裁判所までもがさらに暗示をかけてくるとは呆れるしかない。ストーカー行為は人権侵害です、やめなさい、と言ってくれるはずの裁判所が、そっち側にまわってしまうなら、誰がストーカーから守ってくれるのか？　おまわりさんか？

その「おまわりさん」で絶望するのは昨年の警察法の改正だ。新たに国家公安委員会の任務として「特定の内閣の重要政策に関する内閣の事務を助ける」という役割が加わり、警察は政治的に不偏不党、公正中立という建て前さえ機能しなくなってしまった。時の政権が暴走しようが何をしようが、警察は判断さえ求められずに、内閣の指示を受けて動くことになる。それでは戦前のように政権の都合で警察権力が濫用されかねない。高江の基地建設工事は「内閣の重要政策」で、だから全国から500人もの機動隊員を投入し、非暴力の抗議を腕力で封じこめてもいいということか。それはつまり、地域のおまわりさんが勝手に安倍政権の傭兵に変質させられていくということであり、日本中の人が憂慮すべき事態と思うのだが、国民の反応は妙に鈍い。

傭兵といえば、である。ついに陸上自衛隊までも高江の基地建設に駆り出されてしまった。自衛隊ヘリや民間ヘリを使い、必死に抵抗する県民の頭上を越えて連日重機や資材が搬入されはじめた。10年前の辺野古の海上調査の際にも、第一次安倍政権は掃海艦「ぶんご」を投入したが、今回自衛隊ヘリは揚陸艦「おおすみ」とともにやってきたようだ。それが自衛隊の任務なのか。国内向けの治安出動も、米軍基地の建設も、もうなんでもありだ。年明けの最高裁判決で沖縄県の敗訴が確定したら、それこそ陸海空すべての自衛隊と海保と警察が、辺野古に結集されてしまうのだろう。

地元報道によれば、自衛隊が米軍基地建設に協力することについては難色を示す自衛官もいたという。沖縄では、本土復帰とともにここに配備されたときから、旧日本軍のイメージが濃い自衛隊に対して強い嫌悪感があった。他県とはまったく違う、招かれざる空気のなかで自衛隊は、離島の急患の輸送や不発弾処理など地道な活動を積み重ねて、ようやく沖縄県民に徐々に認められてきた歴史がある。それが基地に反対する県民を力ずくでねじ伏せるような役割を担わされては、一気に反感を買って、昔のように自衛隊アレルギーが復活してしまうのでは。そう心配するのは当然だと思う。

しかし、自衛隊ヘリは国策を遂行するためにわれわれの頭上を飛んだ。当たり前だが、沖縄の民意を尊重して拒否などしてはくれなかった。裁判官も警察官も、海保も自衛隊も、普通の国民がきっと自分たちの味方だと信じている組織・機関が、いまや揃いも揃って沖縄に牙をむくようになってしまった。こんなことが本当にあっていいのだろうか。日本はすごい勢いで恐怖政治に近づいていってしまっている。まるで悪夢を見ているようだが実際のできごとなのだ。沖縄にいると、この国の劣化が嫌でもよく見える。

しかし、これで県民が意気消沈するかといえば、そこは政権の目論見《もくろみ》は外れている。

「いくら重機を空輸しても、あれはリモコンで動くわけではないでしょう？　みなさん、作業員が入らなければただの鉄くずです。われわれは日々作業員を止めればいいんです。来る日も来る日も作業員を止めて、山の中で錆びつかせて動かなくすればいいんです！」

高江ではヒロジ節が健在だ。少なくとも100人、多い日は400人も集まるようになった高江では、ダンプカーの列を遅らせるだけでなく、完全に止める日もある。実際には数にものを言わせて工事は進んでいる。でも、まだまだ粘れる。そしていつかきっと状況を変えてみせると信じている人たちが、毎日続々とやってくるのだ。

判決を受けて翁長知事が言った。

「かつては『銃剣とブルドーザー』で無理やり基地を造られた。70年経って、新たな段階に入ったと言わざるをえない」

県民の意思を無視して無理やり造るという意味ではあのときと同じだが、今度は「銃剣とブルドーザー」ではなくて「自衛隊と機動隊とヒラメ裁判長」によって基地建設が強行されるということか。まったく笑えない。でも笑うしかない。そうやって笑い飛ばし、みんなで苦い肝を嘗めて屈辱を確かめあう。そして決意を新たにし、前に進む力が、なぜかまた滾々《こんこん》と湧き上がってくるところがこの島の強さなのである。

37

2016年10月26日

ヒロジさん・文子おばあへの弾圧と「土人」発言

辺野古や高江で反対運動をリードしてきたヒロジさんが10月17日に逮捕され、10日経っても釈放されない（2017年2月末現在で4カ月を超える長期勾留）。そして、文子おばあまでもが名護署に呼ばれ事情聴取を受けた。沖縄の抵抗運動の象徴でもある二人に対していま、あからさまな弾圧が始まっている。

高江では現在、ヘリパッド建設予定地の山の中、実際にうなりを上げる重機の前まで行って抗議行動をしている。米軍提供区域なのだから逮捕される可能性は否定できない。そんなリスクのある抗議行動に転じたのにはわけがあった。7月22日、1000人の機動隊によってゲートが開けられてからは、作業車の列を止めようと人々は県道で身体や車を使って阻止行動をしてきた。しかし、毎日渋滞に巻きこまれてしまう地域住民からの苦情が大きくなっていた。これ以上、県民の支持を得られない方法を続けたくない。ヒロジさんたちは逮捕覚悟で山に入るようになった。G地区やH

地区へは40～50分の山道を行くのでかなりきついが、高齢の女性も含め毎日数十人が、建設現場をめざして山に入っていく。

17日も、そうやって工事現場に行く仲間が安全に通れるように、ヒロジさんは有刺鉄線を2本切断したという。逮捕は3回目、今回は器物損壊の現行犯。警察は防衛局員と入念に打ち合わせをし逮捕の段取りを進めていたようだ。さらに勾留中の20日、傷害と公務執行妨害の容疑で再逮捕された。防衛局員を「揺さぶった」「つかんだ」という疑いだそうだ。テントにも自宅にもガサ入れがあった。なにがなんでも今回はすぐには出さぬ。なにがなんでも年内にヘリパッドは完成させる。反対運動を徹底的に追いこんでやろうという政府の圧力をひしひしと感じる。

一方、連日「ヒロジを返せ」と名護署にも通っている文子おばあ。反戦おばあの代表格である彼女は21日、同じ名護署に任意取調べで呼ばれていた。告訴したのは、なんと42歳の現職国会議員、和田政宗氏（日本のこころ所属）。この話はにわかに信じがたく、怪しいのでふれたくもないのだが、和田議員は5月9日、メインゲートの前で反対運動を批判する演説をしていたところ、文子おばあから暴力を受けたと主張している。87歳の車いすの女性が、42歳の現役議員らに暴力を振るった、と。しかも、証拠という映像は、無断で顔を撮りつづければ怒るであろうおばあに執拗《しつよう》にカメラを向けたもので、たたき落とされたようにカメラが落下し、そこに偶然「イテテテ」と言う撮影者の顔が映っているという、摩訶《まか》不思議な仕上がりでネット上に散乱している。

任意ではあるが、たびたび出頭するよう連絡を受けていた文子さんは、「あたしは逃げも隠れもしない。悪いことはしていない。さっさと終わりにしたい」と話していた。周囲は体調などをとても心配しながらも、それならばとみんなで堂々と送り出し、また迎えようと名護署前に大結集した。「若い警察官と会うんだからね、お化粧してきたよ」とみんなを笑わせながら、拍手を背に笑顔で警察署に入っていったが、1時間もしないで出てきてしまった。顔面蒼白だった。迎える大勢の仲間たちに報告することも控え、まっすぐ帰宅した。いったい何があったのか？

原因は右翼の流したサイレンだった。名護署前に集まる人々に罵声を浴びせつづけた右翼の宣伝カーが、戦争を思い出させる軍歌を立てつづけに大音量で流し、空襲警報を思わせるサイレンを鳴らしつづけた。壮絶な戦争体験をもつ文子さんは、戦争ドラマのワンシーンを見ただけで胸が苦しくなってしまうほど敏感な方だ。署内でその音を聞くうちに動悸《どうき》がし、生唾が出て、弁護士がずっと背中をさすっていたが、とても話をする体調ではなくなってしまったので、切り上げざるをえなくなったという。

私は怒りを覚える。87歳の高齢女性に数カ月にわたって出頭を迫り、話なら自宅でと言っても聞き入れずに、右翼の攻撃にさらすような状況での事情聴取に追いこんだ警察。警察機関とはそんなに無慈悲なものなのか。警察署以外で事情聴取したら、おばあの仲間たちに囲まれてしまいそうで怖かったのか。これが、基地のない未来を次の世代に残したい一心で、暑い日も寒い日も現場でがんばっている文子さんに対してすることなのか。日本中に、世界中に、文子さんが涙を流してトラックの前に立つ姿が届けられている。たくさんのエールが届いている。そういう女性に対するリスペクトや配慮は、警察官に期待してはいけないものなのか?

映画の追いこみで連載を休んでいるあいだに、いろいろなことがありすぎた。でも今回はもうひとつ、同じく警察官の見識が問われている「土人発言」についてもふれざるをえない。

高江の抗議行動中に、大阪府警の機動隊員から沖縄県民に向けて発せられた「土人」「シナ人」という発言。これについてはヘイトや差別の問題としてとらえることもできるが、私はあえて「国防をめぐる中央と辺境の問題」という視点で書きたい。国家というのはしばしば国境周縁部の土地と住民を軍事利用し、国防の義務を押しつける。日本の歴史を見ても、中央はみずからの利害を優先し、辺境に暮らす人々をいかに都合よく利用し、また見下してきたか。それは、いまの沖縄をめぐる構造差別の問題そのものだと思う。「土人」発言をした機動隊員個人がたまたま差別意識が強かったとか、無知すぎて言葉の意味がわからなかった、などという話に矮小化してはいけない。

「土人が!」という言葉の裏には「土人のくせにつべこべ言うな」という意味がある。そこには「お前らごときに、国策に文句を言う権利などない」という見下した意識を垣間見ることができる。では、機動隊員はなぜ上から目線なのか。「日本の安全保障」という大義を遂行する側にいることで、自分の正当性は保証されていると思っているのだろう。正しい高みに自分はいるのだと。そして、こんなふうに思っているのかもしれない。

「中国が攻めてくるという国家の危機を理解せず、国防に非協力的で、自分優先でワーワー言うだけの反対派というグループは、自己チューで公共心のない下等な生き物だ。沖縄にはその手が多く、問題だ」と。そんな沖縄県民に対する評価が警察内部で共有されているからこそ、あの機動隊員は悪びれずに暴言を吐いたのだ。

しかし、この偏見の歴史は深いのである。国策に協力的ではない沖縄をなんとかせねば、という中央の身勝手な発想は明治期からあった。国家のために身を投げだす立派な「防人《さきもり》」になってもらいたいのに、まったくもってなってない、と蔑《さげす》む視線。沖縄の人々は日本人として不十分で、戦争に協力しない困った存在であるという論理のもと、その後皇民化教育が徹底されていくことになる。

国防の観点から沖縄の県民性を問題視する「調査報告」の類が何度も書かれている。明治31年、沖縄に徴兵令が実施される。しかし、沖縄県民は兵役逃れでみずから身体を傷つけたり、村全体で徴兵に反対したりするありさまだった。これを「改善」するため、軍部や役所などの機関は明治期から沖縄の思想・風俗の調査をし、これを問題視してきた（明治43年『島尻郡誌』など）。

大正11年12月、県出身兵教育のためにつくられた沖縄連隊区司令部のリポートでは、沖縄の県民性について、偏見に満ちた評価が並べられている。

・進取の気性が乏しく優柔不断で意志は非常に弱い　・行動が鈍く、機敏でない　・強者をくじき弱者を助けるという男気、犠牲的精神というものがまったくない　・気力がなく、節度もなく、責任感が乏しい　・向上発展の気概がない　・婦人に優雅さがないことは他に類を見ない——などと主観にすぎないものを含め、散々だ。一方、数少ない利点として「理屈を言わず安い報酬に堪え、使いやすい民である」とも書かれてある。

沖縄戦前夜、沖縄に駐留を始めた石部隊（第62師団）が昭和19年に書いた会報には、恩知らずで打算的な傾向が強い、女性の貞操観念が弱いので誘惑されるな、などと書かれている。そして「デマ」が多い土地柄だから、防諜上きわめて警戒を要する地域であるとか、住民は一般に遅鈍であるため事故が多い、という記述がある。

これらは、ただの偏見で終わらなかった。この「自分たちとは違う」という一方的な評価のもとで沖縄戦当時、軍隊は県民に残虐行為をはたらいていく。たとえば、敵の上陸と玉砕という運命がわかっていながらギリギリまで労働力として沖縄県民を使い、彼らの安全を後まわしにしたばかりか、敵の上陸目前となれば足手まといだとして集団自決に追いこんでいった。「愚鈍で責任感が薄い」沖縄県民が軍の機密を知りすぎているとして、スパイの疑いを理由に殺害した。捕虜になって敵にぺらぺら喋ってしまいそうな沖縄県民の口を封じることは、皇軍の崇高な目的のためにはやむをえないと正当化する。無実の県民の命を奪っても、さして胸が痛まない。その冷たさは、自分と彼らはレベルが違うのだ、辺境に住む「土人」は自分たちとは違うのだから、いちいち気にする必要はないのだと一線を引く、今回の機動隊員の意識と通底している。

この機動隊員に対する怒りや、許せないという気持ちも当然ある。でもそれ以上に、こういう残酷な若者を量産している構造に対して恐怖を感じるのだ。差別や区別をすることで、人は相手に対して残酷になれる。自分と同じだけ大切な人間だと思っている相手に残酷なことはできない。逆に言えば、職務とはいえ自分が誰かにひどい状況を押しつけているとしたら、自己嫌悪や罪の意識に

苛《さいな》まれてしまうだろう。であれば「人種が違う」と見下げてしまうほうが、彼個人は楽になる。上官に対して「この仕事はおかしいと思います」と言うのは難しい。良心の葛藤を抱えこむのも勘弁してほしい。それなら、自己保身のためにも差別構造に乗っかってしまうほうがいい。そうやって「しょせん土人だろ」と仲間どうしで言いあうことで苦しみから解放されるのだ。これは人間の心の弱さの問題だ。

この構造が怖いのだ。まっすぐに目を見て「基地は造らないで」と訴える人々を前に、まっとうな人間でいようとすると壊れてしまうから、冷淡な考え方をすることでやりすごすのだとしたら、この基地建設のために何百人と全国から送りこまれてくる若者たちの心がどんどん歪められていくのではないか。残酷な差別主義者にならなければ、とうていやりすごせないような理不尽な仕事を、正義感あふれて職務についた機動隊や海上保安庁の若者に押しつけていく政治のあり方を、根底から問うべきではないのか。

これは「沖縄は私たちとは違う土人の島だから、防波堤にしてしまってもいいのだ」という議論に行き着く。いま、まさに70年前を想起させるような南西諸島の軍事要塞化が進んでいる。有事の際、真っ先に攻撃されるのは沖縄の人たちだろうと薄々気づいていながらも、自分たちの残酷さを正当化する理屈を探している国民がいる。お金をもらってるんでしょ？　基地はないと困るんでしょ？　中国のスパイなんでしょ？　左翼思想で騒ぎたいだけでしょ？　そんなあらゆる言い訳のひとつとして「土人」が存在すると思う。人種差別の問題だけでは見えてこないのが、誰かを防波堤にして自分は生き残ろうとする浅ましさであり、その浅ましさを隠すために差別をつくりだしていくという側面を考える必要があると思うのである。

「土人の島だから防波堤にしてしまえ」ではなくて、「防波堤として使いたいから、住んでるのは土人ということにしてしまえ」という理屈が呼び起こす差別があるということだ。

先の大戦では、日本は辺境に住む人たちを蔑視することで、国防上、身勝手に利用し残酷な運命を強要することができたのだと思う。そのしくみはいまも変わらない。「沖縄に対してひどいことをしているのでは」と自問自答するより、ヘイトに乗っかってしまうほうが楽。そんな一人ひとりの人間の弱さが、恐ろしい時代を連れてくるのだろう。

38

2016年12月28日

残酷な12月

――オスプレイ墜落・高江完成・辺野古工事再開

今朝も4時に起きて、真っ暗な沖縄自動車道を飛ばし辺野古に向かった。工事再開。9カ月ぶり。また緊張の日々が始まる。まだ悪夢は続いていく。

3作目のドキュメンタリー映画「標的の島　風かたか」はできあがった。先週プレス向けの試写会も始まったところだ。編集期間の無理がたたって身体はボロボロ、だから年末は少し休んで人間らしい生活をしようと決めていた。多少の動きがあっても絶対に取材に行かないぞ。眠るんだ。本も読むんだ。家の掃除がしたいんだ。

ところが、この12月の沖縄の、これでもかと降ってくる試練はいったい何なんだ。

名護市安部集落から数百メートルの浅瀬にオスプレイが落ちた（13日）。なんと同じ日に、別の機体が普天間基地で胴体着陸。

事故原因も特定しないまま米軍はオスプレイの運用を再開（19日）。

今回の機体大破の原因になった空中給油まで再開！　佐賀ではやらないと明言したのに！

辺野古の埋め立てをめぐる訴訟で沖縄県敗訴の最高裁判決（20日）。

高江のヘリパッドが完成したとして「北部訓練場返還式典」が政府主催で開かれた（22日）。

そして今日（27日）、今年3月4日の和解以来止まっていた辺野古の工事が再開された。


「お前らは負けたんだ。国に対抗しようなんてしょせん無理なんだ。今度こそ思い知ったろう？」

抵抗する沖縄を踏み潰しながら政府は言う。続けて、アメリカに対してはこう言った。

「お望みのオスプレイ訓練場はできあがりましてございます。ケネディさん、あなたのおかげで復帰後最大の負担軽減が実現しました。沖縄県民も喜んでいます」


自分の国土に外国の軍用機を落とされ、胴体着陸もされて、そんな彼らのためのオスプレイ訓練場の完成を祝賀する馬鹿がどこにいるだろうか。

式典のなかで、政府要人とケネディ駐日大使が、沖縄本島北部のやんばるの森が描かれた額入りの絵をもらってポーズをとっていた。それはすでに漫画でしかなかった。そもそも、その青い森を県民から奪ったのはアメリカだ。その半分を返してやるから感謝しろと、よくも手柄顔ができるものだ。ケネディ氏はこのお土産をアメリカの自宅で眺めながら「これは私が返してあげた土地なの」と来客に自慢でもするつもりなのか？

官房長官だってそうだ。まともであれば、あんなに抵抗した沖縄県民の姿が浮かび上がってきて、この絵を正視できないはずだ。あなたが穴をあけた森はもう元には戻らない。私たちは森の命と自分たちの生活を守りたかっただけだ。なのに、県民の正当な抵抗をゲリラあつかいして1000人の機動隊を送りこみ、不当逮捕と拘束を続けた末に沖縄を「平定」したつもりなのか。沖縄県民を黙らせた自分の権力の記念として、やんばるの地図を眺めて暮らすのか。悪趣味もいいところだ。

2007年から座りこんで10年目の高江。オスプレイは来ないと嘘を言いながら住民を誤魔化し、集落ごと演習の標的にするという恐ろしい高江のヘリパッド計画。かならずこれを白日のもとにさらしてやる。絶対に許してはならないとがんばってきたつもりだが、ついにずるずると工事を進められてしまった。10月中旬にリーダーが逮捕されたことも大きな痛手になった。そのヒロジさんは2カ月経ってもまだ出してもらえない。いま沖縄でおこなわれているのは、あからさまな弾圧だ。続々と逮捕者が出、不当に長期勾留するのがつねになりつつある。来年2月に裁判をすると聞いた。4、5カ月も拘束し、そのあいだに辺野古の建設を進めてしまおうという魂胆なのだろう。

それほど山城博治に手こずっていたということだ。器物損壊や10カ月前の公務執行妨害など、微罪の古いカードを切りながら、不都合な人間を閉じこめておく日本政府。社会が反発しなかったら、いったいどんな世の中が待っているのか。なぜこんなに世間の反応がぬるいのか、私は恐ろしくてしかたがない。

翁長知事は北部訓練場返還式典を開催しないよう求めた。そして出席しなかった。会場の外には、さらなる重圧を課しておきながら「負担軽減」だと喧伝する政府に反発する人々が大勢詰めかけた。沖縄県民は喜んでなんかいない。そのことを、ひと言でも言いたいと大雨のなか立ちつくしていた。

そのなかに、ヒロジさんの写真とともに立っている男性がいた。この2カ月、家族はおろか誰とも接見さえ許されない異常な監禁状態である。しかも悪性リンパ腫を克服したばかりの病み上がりの身体なので、心配は尽きない。その男性は、怒ってばかりいてもだめならと、名護署で手を合わせて嘆願してきたという。「せめて、正月は家に帰してやってくれ」と、大粒の涙をこらえながら叫んでいた。私もまったく同じ気持ちで、聞いていて泣けてきた。囚われ人となっているあいだにヘリパッドが完成してしまい、オスプレイは墜落し、最高裁で負けた。そして、まもなく辺野古の工事再開と聞いて、狭く暗い部屋の中でヒロジさんはどんな思いでいるだろう。なぜ、ここまでの仕打ちをわれらの島が受けねばならないのかと、もがき苦しんでいるかもしれない。自分を出してくれるまでの世論が沸き上がっていないことを残念に思っているかもしれない。政府の残酷な決定に抗う県民を代表して、見せしめのような仕打ちに耐えているヒロジさんに対して、いったい私に何ができるのか。

新しい映画を見てもらえれば、泣いて、吠《ほ》えて、笑って踊るヒロジさんの愛すべき人間性を、誰もがわかってくれるだろう。ネット上の悪意に溢れた誹謗中傷が、彼の本質からかけ離れていることも一目瞭然に理解されるだろう。早く映画を公開したい。彼の魅力を伝え、仲間をどんどん増やしたい。こんな政府の「これでもかスケジュール」のなかで、ヒロジさんがここにいたら、今日のできごとをどう総括し、どうやってみんなを鼓舞するのか。いつも心の中でシミュレーションしている自分がいる。

今日27日、波が高くてほとんど作業はしていないのだが、辺野古の基地建設作業は再開されたとメディアは防衛局の発表通りに伝えた。コテンパンにやられた感のある2016年が終わろうとしている。20歳の女性の命を奪われ、高江の基地が完成し、自衛隊の先島配備が進行していった激動の年を締めくくるにふさわしい、過酷な日々のなかにある。

来年は書きつづける力が残っているのかと弱気になるものの、沖縄の鈍角の闘いはまだまだこれからだ、と笑顔を見せる人たちが現場には大勢いる。新聞を見ていると落ちこむが、現場に行くと元気になって帰ってくる。これまでいちばん気の重い年越しだが、明けてしまえば来年も、現場から勇気をもらいながら、結局は体当たりで乗り越えていくのかもしれない。

おわりに

2月18日、那覇よりぐっと気温が高い石垣空港を降りると、与那原マサエさんが笑顔で走り寄ってきてくれた。嬉しいお迎えだ。去年、散々取材につきあっていただいた元気印の女性で、山里節子さんとともに「命と暮らしを守るおばーたちの会」で自衛隊配備に反対しているメンバーである。おばあとは呼べないおしゃれな姐御《あねご》肌の女性で、抜群に料理がうまい。そのマサエさんの握った正方形のポーク卵おにぎりを、ふたつもほおばりながら大川公民館に向かう。

今日は石垣島でドキュメンタリー映画「標的の島　風かたか」を初披露する日だ。映画館がない石垣だから、自主上映会。上映機器の準備からチケットの印刷から、全部おばーたちの会が中心になって進めたというから、相当大変だっただろう。会場に向かう道中、大きなスクリーンがなかっただの、暗幕がなくて農業用のビニールをいま窓に貼っているだの、本当に上映会ができるのかと心もとなくなってきた。参加者も少ないのかしらと、正直ドキドキしながら公民館に着いた。すると車が溢れかえっていて、市役所職員の青年たちが慣れたようすで駐車誘導をしていた。公民館に入ってびっくり。２００並べたという椅子ではまったく足りず、どんどん外から運びこんでいた。

300人を軽く超える、凄い熱気のなかで上映は始まった（2回上映で計600人を超えた）。

石垣の観客は賑やかだった。石垣島が映るたびに軽いどよめきが起き、◯◯だね、と私語が出る。「アンガマ」というご先祖様が登場するシーンでは、もちろん字幕を待たずに大笑いし、節子さんが渾身のとぅばらーまを歌い上げる場面では自然に拍手が起きた。選挙で勝ったところでは、結果はわかっているはずなのに、手をたたいてよっしゃ！という声。私はこれまでの誰と見たときよりも楽しかった。ひとつひとつのシーンにのめりこんでいく観客の姿に、よし、ちゃんと伝わってる、と胸をなでおろした。

ドキュメンタリー制作者の悩みは深い。みんなそうだと思うが、ある事象を追いかけて、いったいどこまで撮れば撮影を終われるのか皆目わからない。わからないけれど、決めないと予算もきりがない。でも、ラストシーンがどんな場面になるのかが決まらないで撮影を続ける恐怖といったらない。ゴールの見えないマラソンをしている気分だ。オープニングの絵だって選りすぐりの勝負絵にしたいけれど、「よしこれだ！」という手ごたえなんて撮影中そうあるものでもない。

1年半も撮りためてしまった膨大な映像を前に、この中で構成できなかったらマジでどうするんだ？と自問自答するときの、雪原に取り残されたような心細さ。カンパや取材に協力してくださった方々の顔が浮かぶ。期待を受けてがんばったつもりでも、いい作品になる保証はどこにもない。作品の骨組みも、最初から見えていたら苦労はないが、事態がどう進むかわからないから、あれもこれも欲張って撮影する。残したいエピソードだけで、最初10時間分もつないでしまった。その中から何度も何度もスクラップ&ビルドをくりかえし場面を削っていく。石垣でいえば、マンゴー園の親子のエピソードも素晴らしかったし、建設業団体や観光業の方のインタビューもぜひ入れたかったが、今回は入らなかった。その方々が見に来てくださったら、がっかりされるに決まっている。申し訳ない気持ちでいっぱいになる。だからこそよけいに、協力したのに残念だという気持ちを上まわるような、いい作品にしなければならないと思う。そうやって落としていくエピソードの数だけ自分を責めていく。編集中は毎晩、こんなにいいシーンを落として、本当に残ったシーンを輝かせることができるのか？と自分を追いこみ、歯ぎしりしながら眠るので、朝になると口が開けられないくらいあごが痛かった。私と編集マンの砂川さんしか知らない地獄の3カ月を経て、たくさん取材をさせてもらった石垣島の人たちに、まさに今日それをお見せするのだ。誰よりも緊張して、観客席のいちばん後ろに立って、一人ひとりの息づかいを感じながら1時間58分を過ごした。

映画のラストは沖縄の厳しい現実を突きつけている。全体的には絶句するような内容だ。でも、しばらくの沈黙のあと、大きな拍手が起こった。胸が熱くなった。

「神聖なアンガマをポスターにして、お叱りを受けるかもしれないとか、弥勒世《みるくゆー》の共通語訳が違うと言われるかもしれない、マラリア地獄も説明が足りないとか、いろいろ心配してきましたが、みなさんがどこよりも笑いながら見てくださったので、少し安心しました」と挨拶をすると、何人もうんうんとうなずいてくださった。

「こんな厳しい状況のなか、なんで沖縄の人たちはこんなにがんばれるんですか？ と私はよく質問されます。それに対する答えのひとつが、みなさんの地域のアンガマに象徴されることだと思っています。日本中で、お盆には先祖が家に戻ってくると考えるけれども、石垣ほど具体的に、足も手もあって踊ったり歌ったり、家に上がりこんで飲み食いして問答までする。こんな人間臭い姿であらわれる先祖はいません。でも、自分は死んだらあれになっていくんだな。そして子孫を見守って、感謝されて毎年迎えてもらえる。この世界観があるから、祖先が残してくれた自然も文化も享受する幸せがわかるし、それを汚さず、自分の代でよその人に売ったりなんかせずに、立派なままで子孫に手渡していくことが大事だと思えるし、そのために力を合わせることができる。翁長知事がおっしゃっていました。『うやふぁーふじ（ご先祖様）の苦労を考えたら、いまの私たちの苦労はなんでもない。のちの世代の子どもたちが、あのとき2015、6年、あんなにがんばった人たちがいたから、いまの私たちの平和があるんだねと言ってもらえたら、苦労なんて吹き飛ぶ』と。その考えで、身体を張ってがんばることができる。次の世代を守る〝風かたか〟になろうと思えるんだと思います。それをあらゆる祭りのなかに表現している宮古、石垣のもつ力が、私にとってはまだ未知の力だと思っています」としめくくった。翌日、集落のキビ倒しに参加していた女性たちが、この映画の話でもちきりで、見に行かなかった人たちが悔しがっていたと聞いた。畑の中まで届くような映画になっていたとしたら、最高の名誉だ。

この映画のなかのいちばん大切な台詞だと私が思っているのは、石垣島の山里節子さんの言葉だ。「私たちの島にはモノも金もないけどね。歌や踊りや、そういうものでお腹を満たし、心を洗い、洗われて生きてきた。そういうエネルギーを漲らせることでね、なにか乗り越えていけるんじゃないか。そういう気持ちはどこかにもっています」

信念をもった澄みきった目で、於茂登の山を背景に語るそのシーンが、今後もきっと多くの島人を勇気づけるだろう。

金も権力も腕力も持つ政府が、逆立ちしても持つことができないもの。最後まで奪うことができない、大事な何かがここにはある。私はそれを描きたい。その一心で走り抜けてきた撮影の日々の記録に、最後までおつきあいいただいた読者のみなさんに心から感謝する。弱音を吐いたり悪態をついたり、かっこ悪い私がこうして活字で残ってしまうのは恥ずかしいが、映画のほうは堂々と闘う沖縄県民の姿が前面に押し出されている。ぜひ劇場で見てほしい。沖縄のいまを体感してほしい。そして、あなたも「風かたか」に連なり、次の世代の笑顔を守る列に一緒に入っていただけたら、こんなに嬉しいことはありません。

2017年2月

三上智恵

著者　三上智恵（みかみ ちえ）
ジャーナリスト，映画監督。毎日放送を経て，琉球朝日放送（QAB）開局からキャスターを務めつつ数多くのドキュメンタリー番組を制作。2012年制作の「標的の村」が反響を呼び劇場映画として公開。キネマ旬報文化映画部門１位，山形国際ドキュメンタリー映画祭監督協会賞・市民賞などを受賞。2014年にQABを退職後，「戦場ぬ止み」を2015年５月に公開。山形国際ドキュメンタリー映画祭インターナショナル・コンペティション正式招待，釜山国際映画祭ドキュメンタリー・コンペティション正式招待など高い評価を得た。シャーマニズムを研究し，沖縄国際大学で非常勤講師として沖縄民俗学を講じる。著書に『戦場ぬ止み――辺野古・高江からの祈り』（大月書店），『女子力で読み解く基地神話』（共著，かもがわ出版）。

装丁　後藤葉子（森デザイン室）

JASRAC 出　1702328-701

風《かじ》かたか――「標的《ひょうてき》の島《しま》」撮影記《さつえいき》

2017年３月25日　第１刷発行

定価はカバーに表示してあります

著　者　　三　上　智　恵
発行者　　中　川　　　進

〒113-0033　東京都文京区本郷2-11-9

発行所　株式会社　大　月　書　店

印刷　太平印刷社
製本　中 永 製 本

電話（代表）03-3813-4651　FAX 03-3813-4656／振替 00130-7-16387
http://www.otsukishoten.co.jp/

ISBN 978-4-272-33090-4　C0036　Printed in Japan